Los de Abajo

Mariano Azuela

PRIMERA PARTE

I

—Te digo que no es un animal... Oye cómo ladra *el Palomo*... Debe ser algún cristiano...

La mujer fijaba sus pupilas en la oscuridad de la sierra.

— ¿Y que fueran siendo federales? —repuso un hombre que, en cuclillas, yantaba en un rincón, una cazuela en la diestra y tres tortillas en taco en la otra mano.

La mujer no le contestó; sus sentidos estaban puestos fuera de la casuca.

Se oyó un ruido de pesuñas en el pedregal cercano, *y el Palomo* ladró con más rabia.

— Sería bueno que por sí o por no te escondieras, Demetrio.

El hombre, sin alterarse, acabó de comer; se acercó un cántaro y, levantándolo a dos manos, bebió agua a borbotones. Luego se puso en pie.

— Tu rifle está debajo del petate —pronunció ella en voz muy baja.

El cuartito se alumbraba por una mecha de sebo. En un rincón descansaban un yugo, un arado, un otate y otros aperos de labranza. Del techo pendían cuerdas sosteniendo un viejo molde de adobes, que servía de cama, y sobre mantas y desteñidas hilachas dormía un niño. Demetrio ciñó la cartuchera a su cintura y levantó el fusil. Alto, robusto, de faz bermeja, sin pelo de barba, vestía camisa y calzón de manta, ancho sombrero de soyate y guaraches.

Salió paso a paso, desapareciendo en la oscuridad impenetrable de la noche.

El Palomo, enfurecido, había saltado la cerca del corral. De pronto se oyó un disparo, el perro lanzó un gemido sordo y no ladró más.

Unos hombres a caballo llegaron vociferando y maldiciendo. Dos se apearon y otro quedó cuidando las bestias.

—¡Mujeres..., algo de cenar!... Blanquillos, leche, frijoles, lo que tengan, que venimos muertos de hambre.

— ¡Maldita sierra! ¡Sólo el diablo no se perdería!

— Se perdería, mi sargento, si viniera de borracho como tú...

Uno llevaba galones en los hombros, el otro cintas rojas en las mangas.

—¿En dónde estamos, vieja?... ¡Pero con unal... ¿Esta casa está sola?

—¿Y entonces, esa luz?... ¿Y ese chamaco?... ¡Vieja, queremos cenar, y que sea pronto! ¿Sales o te hacemos salir?

—¡Hombres malvados, me han matado mi perro!... ¿Qué les debía ni qué les comía mi pobrecito *Palomo*?

La mujer entró llevando a rastras el perro, muy blanco y muy gordo, con los ojos claros ya y el cuerpo suelto.

— ¡Mira nomás qué chapetes, sargento!... Mi alma, no te enojes, yo te juro volverte tu casa un palomar; pero, ¡por Dios!...

No me mires airada...

Mírame cariñosa, luz de mis ojos, acabó cantando el oficial con voz aguardentosa.

— Señora, ¿cómo se llama este ranchito? —preguntó el sargento.

—Limón —contestó hosca la mujer, ya soplando las brasas del fogón y arrimando leña.

— ¿Conque aquí es Limón?... ¡La tierra del famoso Demetrio Macías!... ¿Lo oye, mi teniente? Estamos en Limón.

— ¿En Limón?... Bueno, para mí... ¡plin!... Ya sabes, sargento, si he de irme al infierno, nunca mejor que ahora..., que voy en buen caballo. ¡Mira nomás qué cachetitos de morenal... ¡Un perón para morderlo!...

— Usted ha de conocer al bandido ese, señora... Yo estuve junto con él en la Penitenciaría de Escobedo.

— Sargento, tráeme una botella de tequila; he decidido pasar la noche en amable compañía con esta morenita... ¿El coronel?... ¿Qué me hablas tú del coronel a estas horas?... ¡Que vaya mucho a...! Y si se enoja, pa mí... ¡plin!... Anda, sargento, dile al cabo que desensille y eche de cenar. Yo aquí me quedo... Oye, chatita, deja a mi sargento que fría los blanquillos y caliente las gordas; tú ven acá conmigo. Mira, esta carterita apretada de billetes es sólo para ti. Es mi gusto. ¡Figúrate! Ando un poco borrachito por eso, y por eso también hablo un poco ronco... ¡Como que en Guadalajara dejé la mitad de la campanilla y por el camino vengo escupiendo la otra mitad!... ¿Y qué le hace...? Es mi gusto. Sargento, mi botella, mi botella de tequila. Chata, estás muy lejos; arrímate a echar un trago. ¿Cómo que no?... ¿Le tienes miedo a tu... marido... o lo que sea?... Si está metido en algún agujero dile que salga..., pa mí ¡plin!... Te aseguro que las ratas no me estorban.

Una silueta blanca llenó de pronto la boca oscura de la puerta.

—¡Demetrio Macías! —exclamó el sargento despavorido, dando unos pasos atrás.

El teniente se puso de pie y enmudeció, quedóse frío e inmóvil como una estatua.

— ¡Mátalos! —exclamó la mujer con la garganta seca.

— ¡Ah, dispense, amigo!... Yo no sabía... Pero yo respeto a los valientes de veras.

Demetrio se quedó mirándolos y una sonrisa insolente y despreciativa plegó sus líneas.

— Y no sólo los respeto, sino que también los quiero... Aquí tiene la mano de un amigo... Está bueno, Demetrio Macías, usted me desaira... Es porque no me conoce, es porque me ve en este perro y maldito oficio. ¡Qué quiere, amigo!... ¡Es uno pobre, tiene familia numerosa que mantener! Sargento, vámonos; yo respeto siempre la casa de un valiente, de un hombre de veras.

Luego que desaparecieron, la mujer abrazó estrechamente a Demetrio.

— ¡Madre mía de jalea! ¡Qué susto! ¡Creí que a ti te habían tirado el balazo!

— Vete luego a la casa de mi padre —dijo Demetrio. Ella quiso detenerlo; suplicó, lloró; pero él, apartándola dulcemente, repuso sombrío:

—Me late que van a venir todos juntos.

— ¿Por qué no los mataste?

—¡Seguro que no les tocaba todavía!

Salieron juntos; ella con el niño en los brazos.

Ya a la puerta se apartaron en opuesta dirección. La luna poblaba de sombras vagas la montaña.

En cada risco y en cada chaparro, Demetrio seguía mirando la silueta dolorida de una mujer con su niño en los brazos.

Cuando después de muchas horas de ascenso volvió los ojos, en el fondo del cañón, cerca del río, se levantaban grandes llamaradas.

Su casa ardía...

II

Todo era sombra todavía cuando Demetrio Macías comenzó a bajar al fondo del barranco. El angosto talud de una escarpa era vereda, entre el peñascal veteado de enormes resquebrajaduras y la vertiente de centenares de metros, cortada como de un solo tajo.

Descendiendo con agilidad y rapidez, pensaba:

"Seguramente ahora sí van a dar con nuestro rastro los federales, y se nos vienen encima como perros. La fortuna es que no saben veredas, entradas ni salidas. Sólo que alguno de Moyahua anduviera con ellos de guía, porque los de Limón, Santa Rosa y demás ranchitos de la sierra son gente segura y nunca nos entregarían... En Moyahua está el cacique que me trae corriendo por los cerros, y éste tendría mucho gusto en verme colgado de un poste del telégrafo y con tamaña lengua de fuera..."

Y llegó al fondo del barranco cuando comenzaba a clarear el alba. Se tiró entre las piedras y se quedó dormido.

El río se arrastraba cantando en diminutas cascadas; los pajarillos piaban escondidos en los pitahayos, y las chicharras monorrítmicas llenaban de misterio la soledad de la montaña.

Demetrio despertó sobresaltado, vadeó el río y tomó la vertiente opuesta del cañón. Como hormiga arriera ascendió la crestería, crispadas las manos en las peñas y ramazones, crispadas las plantas sobre las guijas de la vereda.

Cuando escaló la cumbre, el sol bañaba la altiplanicie en un lago de oro. Hacia la barranca se veían rocas enormes rebanadas; prominencias erizadas como fantásticas cabezas africanas; los pitahayos como dedos anquilosados de coloso; árboles tendidos hacia el fondo del abismo. Yen la aridez de las peñas y de las ramas secas, albeaban las frescas rosas de San Juan como una blanca ofrenda al astro que comenzaba a deslizar sus hilos de oro de roca en roca.

Demetrio se detuvo en la cumbre; echó su diestra hacia atrás; tiró del cuerno que pendía a su espalda, lo llevó a sus labios gruesos, y por tres veces, inflando los carrillos, sopló en él. Tres silbidos contestaron la señal, más allá de la crestería frontera.

En la lejanía, de entre un cónico hacinamiento de cañas y paja podrida, salieron, unos tras otros, muchos hombres de pechos y piernas desnudos, oscuros y repulidos como viejos bronces.

Vinieron presurosos al encuentro de Demetrio. —¡Me quemaron mi casa! —respondió a las miradas interrogadoras.

Hubo imprecaciones, amenazas, insolencias. Demetrio los dejó desahogar; luego sacó de su camisa una botella, bebió un tanto, limpióla con el dorso de su mano y la pasó a su inmediato. La botella, en una vuelta de boca en boca, se quedó vacía. Los hombres se relamieron.

— Si Dios nos da licencia —dijo Demetrio—, mañana o esta misma noche les hemos de mirar la cara otra vez a los federales. ¿Qué dicen, muchachos, los dejamos conocer estas veredas?

Los hombres semidesnudos saltaron dando grandes alaridos de alegría. Y luego redoblaron las injurias, las maldiciones y las amenazas.

—No sabemos cuántos serán ellos —observó Demetrio, escudriñando los semblantes—. Julián Medina, en Hostotipaquillo, con media docena de pelados y con cuchillos afilados en el metate, les hizo frente a todos los cuicos y federales del pueblo, y se los echó...

—¿Qué tendrán algo los de Medina que a nosotros nos falte? —dijo uno de barba y cejas espesas y muy negras, de mirada dulzona; hombre macizo y robusto.

—Yo sólo les sé decir —agregó— que dejo de llamarme Anastasio Montañés si mañana no soy dueño de un máuser, cartuchera, pantalones y zapatos. ¡De veras!... Mira, Codorniz, ¿voy que no me lo crees? Yo traigo media docena de plomos adentro de mi cuerpo... Ai que diga mi compadre Demetrio si no es cierto... Pero a mí me dan tanto miedo las balas, como una bolita de caramelo. ¿A que no me lo crees?

—¡Que viva Anastasio Montañés! —gritó el Manteca.

— No —repuso aquél—; que viva Demetrio Macías, que es nuestro jefe, y que vivan Dios del cielo y María Santísima.

— ¡Viva Demetrio Macías! —gritaron todos.

Encendieron lumbre con zacate y leños secos, y sobre los carbones encendidos tendieron trozos de carne fresca. Se rodearon en torno de las llamas, sentados en cuclillas, olfateando con apetito la carne que se retorcía y crepitaba en las brasas.

Cerca de ellos estaba, en montón, la piel dorada de una res, sobre la tierra húmeda de sangre. De un cordel, entre dos huizaches, pendía la carne hecha cecina, oreándose al sol y al aire.

— Bueno —dijo Demetrio—; ya ven que aparte de mi treinta-treinta, no contamos más que con veinte armas. Si son pocos, les damos hasta no dejar uno; si son muchos aunque sea un buen susto les hemos de sacar.

Aflojó el ceñidor de su cintura y desató un nudo, ofreciendo del contenido a sus compañeros.

— ¡Sal! —exclamaron con alborozo, tomando cada uno con la punta de los dedos algunos granos.

Comieron con avidez, y cuando quedaron satisfechos, se tiraron de barriga al sol y cantaron canciones monótonas y tristes, lanzando gritos estridentes después de cada estrofa.

III

Entre las malezas de la sierra durmieron los veinticinco hombres de Demetrio Macías, hasta que la señal del cuerno los hizo despertar. Pancracio la daba de lo alto de un risco de la montaña.

— ¡Hora sí, muchachos, pónganse changos! —dijo Anastasio Montañés, reconociendo los muelles de su rifle.

Pero transcurrió una hora sin que se oyera más que el canto de las cigarras en el herbazal y el croar de las ranas en los baches.

Cuando los albores de la luna se esfumaron en la faja débilmente rosada de la aurora, se destacó la primera silueta de un soldado en el filo más alto de la vereda. Y tras él aparecieron otros, y otros diez, y otros cien; pero todos en breve se perdían en las sombras. Asomaron los fulgores del sol, y hasta entonces pudo verse el despeñadero cubierto de gente: hombres diminutos en caballos de miniatura.

—¡Mírenlos qué bonitos! —exclamó Pancracio—. ¡Anden, muchachos, vamos a jugar con ellos!

Aquellas figuritas movedizas, ora se perdían en la espesura del chaparral, ora negreaban más abajo sobre el ocre de las peñas.

Distintamente se oían las voces de jefes y soldados. Demetrio hizo una señal: crujieron los muelles y los resortes de los fusiles.

— ¡Hora! —ordenó con voz apagada.

Veintiún hombres dispararon a un tiempo, y otros tantos federales cayeron de sus caballos. Los demás, sorprendidos, permanecían inmóviles, como bajorrelieves de las peñas.

Una nueva descarga, y otros veintiún hombres rodaron de roca en roca, con el cráneo abierto.

— ¡Salgan, bandidos!... ¡Muertos de hambre! —¡Mueran los ladrones nixtamaleros!...

—¡Mueran los comevacas!...

Los federales gritaban a los enemigos, que, ocultos, quietos y callados, se contentaban con seguir haciendo gala de una puntería que ya los había hecho famosos.

—¡Mira, Pancracio —dijo el Meco, un individuo que

sólo en los *ojos* y en los dientes tenía algo de blanco—; ésta es para el que va a pasar detrás de aquel pitayo!... ¡Hijo de...! ¡Tomal... ¡En la pura calabaza! ¿Viste?... Hora pal que viene en el caballo tordillo... ¡Abajo, pelón!...

—Yo voy a darle una bañada al que va horita por el filo de la vereda... Si no llegas al río, mocho infeliz, no quedas lejos... ¿Qué tal?... ¿Lo viste?...

— ¡Hombre, Anastasio, no seas malo!... Empréstame tu carabina... ¡Ándale, un tiro nomás!...

El Manteca, la Codorniz y los demás que no tenían armas las solicitaban, pedían como una gracia suprema que les dejaran hacer un tiro siquiera.

—¡Asómense si son tan hombres!

—Saquen la cabeza... ¡hilachos *piojosos!*

De montaña a montaña los gritos se oían tan claros como de una acera a la del frente.

La Codorniz surgió de improviso, en cueros, con los calzones tendidos en actitud de torear a los federales. Entonces comenzó la lluvia de proyectiles sobre la gente de Demetrio.

— ¡Huy! ¡Huy! Parece que me echaron un panal de moscos en la cabeza —dijo Anastasio Montañés, ya tendido entre las rocas y sin atreverse a levantar los *ojos.*

—¡Codorniz, fijo de un...! ¡Hora adonde les dije! —rugió Demetrio.

Y, arrastrándose, tomaron nuevas posiciones.

Los federales comenzaron a gritar su triunfo y hacían cesar el fuego, cuando una nueva granizada de balas los desconcertó.

— ¡Ya llegaron más! —clamaban los soldados. Y presa de pánico, muchos volvieron grupas resueltamente, otros abandonaron las caballerías y se encaramaron, buscando refugio, entre las peñas. Fue preciso que los jefes hicieran fuego sobre los fugitivos para restablecer el orden.

—A los de abajo... A los de abajo —exclamó Demetrio, tendiendo su treinta-treinta hacia el hilo cristalino del río.

Un federal *cayó* en las mismas aguas, e indefectiblemente siguieron cayendo uno a uno a cada nuevo disparo. Pero sólo él tiraba hacia el río, y por cada uno de los que mataba, ascendían intactos diez o veinte a la otra vertiente.

—A los de abajo... A los de abajo —siguió gritando encolerizado.

Los compañeros se prestaban ahora sus armas, y haciendo blancos cruzaban sendas apuestas.

— Mi cinturón de cuero si no le pego en la cabeza al del caballo prieto. Préstame tu rifle, Meco...

— Veinte tiros de máuser y media vara de chorizo por que me dejes tumbar al de la potranca mora... Bueno... ¡Ahoral... ¿Viste qué salto dio?... ¡Como venado!...

— ¡No corran, mochos!... Vengan a conocer a su padre Demetrio Macías...

Ahora de éstos partían las injurias. Gritaba Pancracio, alargando su cara lampiña, inmutable como piedra, y gritaba el Manteca, contrayendo las cuerdas de su cuello y estirando las líneas de su rostro de *ojos* torvos de asesino.

Demetrio siguió tirando y advirtiendo del grave peligro a los otros, pero éstos no repararon en su voz desesperada sino hasta que sintieron el chicoteo de las balas por uno de los flancos.

— ¡Ya me quemaron! —gritó Demetrio, y rechinó los dientes—. ¡Hijos de...! Y con prontitud se dejó resbalar hacia un barranco.

IV

Faltaron dos: Serapio el charamusquero y Antonio el que tocaba los platillos en la Banda de Juchipila.

— A ver si se nos juntan más adelante —dijo Demetrio.

Volvían desazonados. Sólo Anastasio Montañés conservaba la expresión dulzona de sus ojos adormilados y su rostro barbado, y Pancracio la inmutabilidad repulsiva de su duro perfil de prognato.

Los federales habían regresado, y Demetrio recuperaba todos sus caballos, escondidos en la sierra.

De pronto, la Codorniz, que marchaba adelante, dio un grito: acababa de ver a los compañeros perdidos, pendientes de los brazos de un mezquite.

Eran ellos Serapio y Antonio. Los reconocieron, y Anastasio Montañés rezó entre dientes:

— Padre nuestro que estás en los cielos...

— Amén —rumorearon los demás, con la cabeza inclinada y el sombrero sobre el pecho.

Y apresurados tomaron el cañón de Juchipila, rumbo al norte, sin descansar hasta ya muy entrada la noche. La Codorniz no se apartaba un instante de Anastasio. Las siluetas de los ahorcados, con el cuello flácido, los brazos pendientes, rígidas las piernas, suavemente mecidos por el viento, no se borraban de su memoria. Otro día Demetrio se quejó mucho de la herida. Ya no pudo montar su caballo. Fue preciso conducirlo desde allí en una camilla improvisada con ramas de robles y haces de yerbas.

— Sigue desangrándose mucho, compadre Demetrio —dijo Anastasio Montañés. Y de un tirón arráncose una manga de la camisa y la anudó fuertemente al muslo, arriba del balazo.

— Bueno —dijo Venancio—; eso le para la sangre y le quita la dolencia.

Venancio era barbero; en su pueblo sacaba muelas y ponía cáusticos y sanguijuelas. Gozaba de cierto ascendiente porque había leído *El judío errante y El sol de mayo*. Le llamaban *el Dotor, y* él, muy pagado de su sabiduría, era hombre de pocas palabras.

Turnándose de cuatro en cuatro, condujeron la camilla por mesetas calvas y pedregosas y por cuestas empinadísimas.

Al mediodía, cuando la calina sofocaba y se obnubilaba la vista, con el canto incesante de las cigarras se oía el quejido acompasado y monocorde del herido.

En cada jacalito escondido entre las rocas abruptas, se detenían y descansaban.

— ¡Gracias a Dios! ¡Un alma compasiva y una gorda topeteada de chile y frijoles nunca faltan! —decía Anastasio Montañés eructando.

Y los serranos, después de estrecharles fuertemente las manos encallecidas, exclamaban:

— ¡Dios los bendiga! ¡Dios los ayude y los lleve por buen camino!... Ahora van ustedes; mañana correremos también nosotros, huyendo de la leva, perseguidos por estos condenados del gobierno, que nos han declarado guerra a muerte a todos los pobres; que nos roban nuestros puercos, nuestras gallinas y hasta el maicito que tenemos para comer; que queman nuestras casas y se llevan nuestras mujeres, y que, por fin, donde dan con uno, allí lo acaban como si fuera perro del mal.

Cuando atardeció en llamaradas que tiñeron el cielo en vivísimos colores, pardearon unas casucas en una explanada, entre las montañas azules. Demetrio hizo que lo llevaran allí.

Eran unos cuantos pobrísimos jacales de zacate, diseminados a la orilla del río, entre pequeñas sementeras de maíz y frijol recién nacidos.

Pusieron la camilla en el suelo, y Demetrio, con débil voz, pidió un trago de agua.

En las bocas oscuras de las chozas se aglomeraron chomites incoloros, pechos huesudos, cabezas desgreñadas y, detrás, *ojos* brillantes y carrillos frescos.

Un chico gordinflón, de piel morena y reluciente, se acercó a ver al hombre de la camilla; luego una vieja, y después todos los demás vinieron a hacerle ruedo.

Una moza muy amable trajo una jícara de agua azul. Demetrio cogió la vasija entre sus manos trémulas y bebió con avidez.

—   ¿No quere más?

Alzó los *ojos:* la muchacha era de rostro muy vulgar, pero en su voz había mucha dulzura.

Se limpió con el dorso del puño el sudor que perlaba su frente, y volviéndose de un lado, pronunció con fatiga:

—   ¡Dios se lo pague!

Y comenzó a tiritar con tal fuerza, que sacudía las yerbas y los pies de la camilla. La fiebre lo aletargó.

—Está haciendo sereno y eso es malo pa la calentura —dijo señá Remigia, una vieja enchomitada, descalza y con una garra de manta al pecho a modo de camisa.

Y los invitó a que metieran a Demetrio en su jacal.

Pancracio, Anastasio Montañés y la Codorniz se echaron a los pies de la camilla como perros fieles, pendientes de la voluntad del jefe.

Los demás se dispersaron en busca de comida. Señá Remigia ofreció lo que tuvo: chile y tortillas. — Afigúrense..., tenía güevos, gallinas y hasta una chiva parida; pero estos malditos federales me limpiaron. Luego, puestas las manos en bocina, se acercó al oído de Anastasio y le dijo:

—   ¡Afigúrense..., cargaron hasta con la muchachilla de señá Nieves!...

V

La Codorniz, sobresaltado, abrió los *ojos* y se incorporó. —¿Montañés, oíste?... ¡Un balazo!... Montañés... Despierta...

Le dio fuertes empellones, hasta conseguir que se removiera y dejara de roncar.

—   ¡Con un...! ¡Ya estás moliendo!... Te digo que los muertos no se aparecen... —balbució Anastasio despertando a medias.

—¡Un balazo, Montañés!...

—   Te duermes, Codorniz, o te meto una trompada...

—   No, Anastasio; te digo que no es pesadilla... Ya no me he vuelto a acordar de los ahorcados. Es de veras un balazo; lo oí clarito...

—   ¿Dices que un balazo?... A ver, daca mi máuser...

Anastasio Montañés se restregó los ojos, estiró los brazos y las piernas con mucha flojera, y se puso en pie.

Salieron del jacal. El cielo estaba cuajado de estrellas y la luna ascendía como una fina hoz. De las casucas salió rumor confuso de mujeres asustadas, y se oyó el ruido de armas de los hombres que dormían afuera y despertaban también.

—   ¡Estúpido!... ¡Me has destrozado un pie!

La voz se oyó clara y distinta en las inmediaciones.

—   ¿Quién vive?...

El grito resonó de peña en peña, por crestones y hondonadas, hasta perderse en la lejanía y en el silencio de la noche.

—   ¿Quién vive? —repitió con voz más fuerte Anastasio, haciendo ya correr el cerrojo de su máuser.

—   ¡Demetrio Macías! —respondieron cerca.

—   ¡Es Pancracio! —dijo la Codorniz regocijado. Y ya sin zozobras dejó reposar en tierra la culata de su fusil.

Pancracio conducía a un mozalbete cubierto de polvo, desde el fieltro americano hasta los toscos zapatones. Llevaba una mancha de sangre fresca en su pantalón, cerca de un pie.

—   ¿Quién es este curro? —preguntó Anastasio.

—   Yo estoy de centinela, oí ruido entre las yerbas y grité: "¿Quién vive?" "Carranzo", me respondió este vale... "¿Carranzo...? No conozco yo a ese gallo..." Y toma tu Carranzo: le metí un plomazo en una pata...

Sonriendo, Pancracio volvió su cara lampiña en solicitud de aplausos.

Entonces habló el desconocido.

—   ¿Quién es aquí el jefe?

Anastasio levantó la cabeza con altivez, enfrentándosele.

El tono del mozo bajó un tanto.

—   Pues yo también soy revolucionario. Los federales me cogieron de leva y entré a filas; pero en el combate de anteayer conseguí desertarme, y he venido, caminando a pie, en busca de ustedes.

—   ¡Ah, es federal!... —interrumpieron muchos, mirándolo con pasmo.

—¡Ah, es mocho! —dijo Anastasio Montañés—. ¿Y por qué no le metiste el plomo mejor en la mera chapa?

—¡Quién sabe qué mitote trai! ¡Quesque quere hablar con Demetrio, que tiene que icirle quén sabe cuánto!... Pero eso no le hace, pa todo hay tiempo como no arrebaten —respondió Pancracio, preparando su fusil.

—   Pero ¿qué clase de brutos son ustedes? —profirió el desconocido.

Y no pudo decir más, porque un revés de Anastasio lo volteó con la cara bañada en sangre.

—¡Fusilen a ese mocho!...

—¡Hórquenlo!...

—   ¡Quémenlo..., es federal!...

Exaltados, gritaban, aullaban preparando ya sus i rifles.

—   ¡Chist..., chist..., cállense!... Parece que Demetrio habla —dijo Anastasio, sosegándolos.

En efecto, Demetrio quiso informarse de lo que ocurría e hizo que le llevaran al prisionero.

—   ¡Una infamia, mi jefe, mire usted..., mire usted! —pronunció Luis Cervantes, mostrando las manchas de sangre en su pantalón y su boca y su nariz abotagadas.

—   Por eso, pues, ¿quién jijos de un... es usté? —interrogó Demetrio.

—   Me llamo Luis Cervantes, soy estudiante de medicina y periodista. Por haber dicho algo en favor de los revolucionarios, me persiguieron, me atraparon y fui a dar a un cuartel...

La relación que de su aventura siguió detallando en tono declamatorio causó gran hilaridad a Pancracio y al Manteca.

—   Yo he procurado hacerme entender, convencerlos de que soy un verdadero correligionario...

—   ¿Corre... qué? —inquirió Demetrio, tendiendo una oreja.

— Correligionario, mi jefe..., es decir, que persigo los mismos ideales y defiendo la misma causa que ustedes defienden.

Demetrio sonrió:

— ¿Pos cuál causa defendemos nosotros?...

Luis Cervantes, desconcertado, no encontró qué contestar.

— ¡Mi' qué cara pone!... ¿Pa qué son tantos brincos?... ¿Lo tronamos ya, Demeterio? —preguntó Pancracio, ansioso.

Demetrio llevó su mano al mechón de pelo que le cubría una oreja, se rascó largo rato, meditabundo; luego, no encontrando la solución, dijo:

— Sálganse... que ya me está doliendo otra vez... Anastasio, apaga la mecha. Encierren a ése en el corral y me lo cuidan Pancracio y Manteca. Mañana veremos.

VI

Luis Cervantes no aprendía aún a discernir la forma precisa de los objetos a la vaga tonalidad de las noches estrelladas, y buscando el mejor sitio para descansar, dio con sus huesos quebrantados sobre un montón de estiércol húmedo, al pie de la masa difusa de un huizache. Más por agotamiento que por resignación, se tendió cuan largo era y cerró los ojos resueltamente, dispuesto a dormir hasta que sus feroces vigilantes le despertaran o el sol de la mañana le quemara las orejas. Algo como un vago calor a su lado, luego un respirar rudo y fatigoso, le hicieron estremecerse; abrió los brazos en torno, y su mano trémula dio con los pelos rígidos de un cerdo, que, incomodado seguramente por la vecindad, gruñó.

Inútiles fueron ya todos sus esfuerzos para atraer el sueño; no por el dolor del miembro lesionado, ni por el de sus carnes magulladas, sino por la instantánea y precisa representación de su fracaso.

Sí; él no había sabido apreciar a su debido tiempo la distancia que hay de manejar el escalpelo, fulminar latrofacciosos desde las columnas de un diario provinciano, a venir a buscarlos con el fusil en las manos a sus propias guaridas. Sospechó su equivocación, ya dado de alta como subteniente de caballería, al rendir la primera jornada. Brutal jornada de catorce leguas, que lo dejaba con las caderas y las rodillas de una pieza, cual si todos sus huesos se hubieran soldado en uno. Acabólo de comprender ocho días después, al primer encuentro con los rebeldes. Juraría, la mano puesta sobre un Santo Cristo, que cuando los soldados se echaron los máuseres a la cara, alguien con estentórea voz había clamado a sus espaldas: "¡Sálvese el que pueda!" Ello tan claro así, que su mismo brioso y noble corcel, avezado a los combates, había vuelto grupas y de estampida no había querido detenerse sino a distancia donde ni el rumor de las balas se escuchaba. Y era cabalmente a la puesta del sol, cuando la montaña comenzaba a poblarse de sombras vagarosas e inquietantes, cuando las tinieblas ascendían a toda prisa de la hondonada. ¿Qué cosa más lógica podría ocurrírsele si no la de buscar abrigo entre las rocas, darles reposo al cuerpo y al espíritu y procurarse el sueño? Pero la lógica del soldado es la lógica del absurdo. Así, por ejemplo, a la mañana siguiente su coronel lo despierta a broncos puntapiés y le saca de su escondite con la cara gruesa a mojicones. Más todavía: aquello determina la hilaridad de los oficiales a tal punto que, llorando de risa, imploran a una voz el perdón para el fugitivo. Y el coronel, en vez de fusilarlo, le larga un recio puntapié en las posaderas y le envía a la impedimenta como ayudante de cocina.

La injuria gravísima habría de dar sus frutos venenosos. Luis Cervantes cambia de chaqueta desde luego, aunque sólo *in mente* por el instante. Los dolores y las miserias de los desheredados alcanzan a conmoverlo; su causa es la causa sublime del pueblo subyugado que clama justicia, sólo justicia. Íntima con el humilde soldado y, ¡qué más!, una acémila muerta de fatiga en una tormentosa jornada le hace derramar lágrimas de compasión.

Luis Cervantes, pues, se hizo acreedor a la confianza de la tropa. Hubo soldados que le hicieron confidencias temerarias. Uno, muy serio, y que se distinguía por su temperancia y retraimiento, le dijo: "Yo soy carpintero; tenía mi madre, una viejita clavada en su silla por el reumatismo desde hacía diez años. A medianoche me sacaron de mi casa tres gendarmes; amanecí en el cuartel y anochecí a doce leguas de mi pueblo... Hace un mes pasé por allí con la tropa... ¡Mi madre estaba ya debajo de la tierra!... No tenía más consuelo en esta vida... Ahora no le hago falta a nadie. Pero, por mi Dios que está en los cielos, estos cartuchos que aquí me cargan no han de ser para los enemigos... Y si se me hace el milagro (mi Madre Santísima de Guadalupe me lo ha de conceder), si me le junto a Villa..., juro por la sagrada alma de mi madre que me la han de pagar estos federales".

Otro, joven, muy inteligente, pero charlatán hasta por los codos, dipsómano y fumador de marihuana, lo llamó aparte y, mirándolo a la cara fijamente con sus ojos vagos y vidriosos, le sopló al oído: "Compadre..., aquéllos..., los de allá del otro lado..., ¿comprendes?..., aquéllos cabalgan lo más granado de las caballerizas del Norte y del interior, las guarniciones de sus caballos pesan de pura plata... Nosotros, ¡pst!..., en sardinas buenas para alzar cubos de noria..., ¿comprendes, compadre? Aquéllos reciben relucientes pesos fuertes; nosotros, billetes de celuloide de la fábrica del asesino... Dije..."

Y así todos, hasta un sargento segundo contó ingenuamente: "Yo soy voluntario, pero me he tirado una plancha. Lo que en tiempos de paz no se hace en toda una vida de trabajar como una mula, hoy se puede hacer en unos cuantos meses de correr la sierra con un fusil a la espalda. Pero no con éstos 'mano'..., no con éstos..."

Y Luis Cervantes, que compartía ya con la tropa aquel odio solapado, implacable y mortal a las clases, oficiales y a todos los superiores, sintió que de sus *ojos* caía hasta la última telaraña y vio claro el resultado final de la lucha.

—¡Mas he aquí que hoy, al llegar apenas con sus correligionarios, en vez de recibirle con los brazos abiertos lo encapillan en una zahúrda!

Fue de día: los gallos cantaron en los jacales; las gallinas trepadas en las ramas del huizache del corral se removieron, abrían las alas y esponjaban las plumas y en un solo salto se ponían en el suelo.

Contempló a sus centinelas tirados en el estiércol y roncando. En su imaginación revivieron las fisonomías de los dos hombres de la víspera. Uno, Pancracio, agüerado, pecoso, su cara lampiña, su barba saltona, la frente roma y oblicua, untadas las orejas al cráneo y todo de un aspecto bestial. Y el otro, el Manteca, una piltrafa humana: *ojos* escondidos, mirada torva, cabellos muy lacios cayéndole a la nuca, sobre la frente y las orejas; sus labios de escrofuloso entreabiertos eternamente.

Y sintió una vez más que su carne se achinaba.

VII

Adormilado aún, Demetrio paseó la mano sobre los crespos mechones que cubrían su frente húmeda, apartados hacia una oreja, y abrió los *ojos*.

Distinta oyó la voz femenina y melodiosa que en sueños había escuchado ya, y se volvió a la puerta.

Era de día: los rayos del sol dardeaban entre los popotes del jacal. La misma moza que la víspera le había ofrecido un apastito de agua deliciosamente fría (sus sueños de toda la noche), ahora, igual de dulce y cariñosa, entraba con una olla de leche desparramándose de espuma.

—Es de cabra, pero está regüena... Andele, nomás aprébela...

Agradecido, sonrió Demetrio, se incorporó y, tomando la vasija de barro, comenzó a dar pequeños sorbos, sin quitar los *ojos* de la muchacha.

Ella, inquieta, bajó los suyos.

—¿Cómo te llamas?

—   Camila.

—Me cuadra el nombre, pero más la tonadita...

Camila se cubrió de rubor, y como él intentara asirla por un puño, asustada, tomó la vasija vacía y se escapó más que de prisa.

— No, compadre Demetrio —observó gravemente Anastasio Montañés—; hay que amansarlas primero... ¡Hui", pa las lepras que me han dejado en el cuerpo las mujeres!... Yo tengo mucha experiencia en eso...

— Me siento bien, compadre —dijo Demetrio haciéndose el sordo—; parece que me dieron fríos; sudé mucho y amanecí muy refrescado. Lo que me está fregando todavía es la maldita herida. Llame a Venancio para que me cure.

— ¿Y qué hacemos, pues, con el curro que agarré anoche? —preguntó Pancracio.

—¡Cabal, hombre!... ¡No me había vuelto a acordar!...

Demetrio, como siempre, pensó y vaciló mucho antes de tomar una decisión.

—A ver, Codorniz, ven acá. Mira, pregunta por una capilla que hay como a tres leguas de aquí. Anda y róbale la sotana al cura.

— Pero ¿qué va a hacer, compadre? —preguntó Anastasio pasmado.

— Si este curro viene a asesinarme, es muy fácil sacarle la verdad. Yo le digo que lo voy a fusilar. La Codorniz se viste de padre y lo confiesa. Si tiene pecado, lo trueno: si no, lo dejo libre.

— ¡Hum, cuánto requisito!... Yo lo quemaba y ya —exclamó Pancracio despectivo.

Por la noche regresó la Codorniz con la sotana del cura. Demetrio hizo que le llevaran el prisionero.

Luis Cervantes, sin dormir ni comer en dos días, entraba con el rostro demacrado y ojeroso, los labios descoloridos y secos.

Habló con lentitud y torpeza.

—Hagan de mí lo que quieran... Seguramente que me equivoqué con ustedes...

Hubo un prolongado silencio. Después:

—Creí que ustedes aceptarían con gusto al que viene a ofrecerles ayuda, pobre ayuda la mía, pero que sólo a ustedes mismos beneficia... ¿Yo qué me gano con que la revolución triunfe o no?

Poco a poco iba animándose, y la languidez de su mirada desaparecía por instantes.

—La revolución beneficia al pobre, al ignorante, al que toda su vida ha sido esclavo, a los infelices que ni siquiera saben que si lo son es porque el rico convierte en oro las lágrimas, el sudor y la sangre de los pobres...

—¡Bah!..., ¿y eso es como a modo de qué?... ¡Cuando ni a mí me cuadran los sermones! —interrumpió Pancracio.

— Yo he querido pelear por la causa santa de los desventurados... Pero ustedes no me entienden..., ustedes me rechazan... ¡Hagan conmigo, pues, lo que gusten!

— Por lo pronto nomás te pongo esta reata en el gaznate... ¡Mi' qué rechonchito y qué blanco lo tienes!

—Sí, ya sé a lo que viene usted —repuso Demetrio con desabrimiento, rascándose la cabeza—. Lo voy a fusilar, ¿eh?...

Luego, volviéndose a Anastasio:

— Llévenselo..., y si quiere confesarse, tráiganle un padre...

Anastasio, impasible como siempre, tomó con suavidad el brazo de Cervantes.

—Véngase pa acá, curro...

Cuando después de algunos minutos vino la Codorniz ensotanado, todos rieron a echar las tripas.

—   ¡Hum, este curro es repicolargo! —exclamó—. Hasta se me figura que se rió de mí cuando comencé a hacerle preguntas.

—Pero ¿no cantó nada?

—   No dijo más que lo de anoche...

—   Me late que no viene a eso que usté teme, compadre —notó Anastasio.

—   Bueno, pues denle de comer y ténganlo a una vista.

VIII

Luis Cervantes, otro día, apenas pudo levantarse. Arrastrando el miembro lesionado vagó de casa en casa buscando un poco de alcohol, agua hervida y pedazos de ropa usada. Camila, con su amabilidad incansable, se lo proporcionó todo.

Luego que comenzó a lavarse, ella se sentó a su lado, a ver curar la herida, con curiosidad de serrana.

—¡Oiga, ¿y quién lo insirió a curar?... ¿Y pa qué jirvió la agua?... ¿Y los trapos, pa qué los coció?... ¡Mire, mire, cuánta curiosidá pa todo!... ¿Yeso que se echó en las manos?... ¡Pior!... ¿Aguardiente de veras?... ¡Ande, pos si yo creiba que el aguardiente nomás pal cólico era güeno!... ¡Ah!... ¿De moo es que usté iba a ser dotor?... Ja, ja, jal... ¡Cosa de morirse uno de risal... ¿Y por qué no le regüelve mejor agua fría?... ¡Mi' qué cuentos!... ¡Quesque animales en la agua sin jervir!... ¡Fuchi!... ¡Pos cuando ni yo miro nadal...

Camila siguió interrogándole, y con tanta familiaridad, que de buenas a primeras comenzó a tutearlo.

Retraído a su propio pensamiento, Luis Cervantes no la escuchaba más.

"¿En dónde están esos hombres admirablemente armados y montados, que reciben sus haberes en puros pesos duros de los que Villa está acuñando en Chihuahua? ¡Bah! Una veintena de encuerados y piojosos, habiendo quien cabalgara en una yegua decrépita, matadura de la cruz a la cola. ¿Sería verdad lo que la prensa del gobierno y él mismo habían asegurado, que los llamados revolucionarios no eran sino bandidos agrupados ahora con un magnífico pretexto para saciar su sed de oro y de sangre? ¿Sería, pues, todo mentira lo que de ellos contaban los simpatizadores de la revolución? Pero si los periódicos gritaban todavía en todos los tonos triunfos y más triunfos de la federación, un pagador recién llegado de Guadalajara había dejado escapar la especie de que los parientes y favoritos de Huerta abandonaban la capital rumbo a los puertos, por más que éste seguía aúlla que aúlla: `Haré la paz cueste lo que cueste'. Por tanto, revolucionarios, bandidos o como quisiera llamárseles, ellos iban a derrocar al gobierno; el mañana les pertenecía; había que estar, pues, con ellos, sólo con ellos."

—No, lo que es ahora no me he equivocado —se dijo para sí, casi en voz alta.

—   ¿Qué estás diciendo? —preguntó Camila—; pos si yo creiba ya que los ratones te habían comido la lengua.

Luis Cervantes plegó las cejas y miró con aire hostil aquella especie de mono enchomitado, de tez broncínea, dientes de marfil, pies anchos y chatos.

—¿Oye, curro, y tú has de saber contar cuentos? Luis hizo un gesto de aspereza y se alejó sin contestarla.

Ella, embelesada, le siguió con los *ojos* hasta que su silueta desapareció por la vereda del arroyo.

Tan abstraída así, que se estremeció vivamente a la voz de su vecina, la tuerta María Antonia, que, fisgoneando desde su jacal, le gritó:

—¡Epa, tú!... dale los polvos de amor... A ver si ansina cal...

—   ¡Pior!... Ésa será usté...

—   ¡Si yo quijieral... Pero, ¡fuche!, les tengo asco a los curros...

—Señá Remigia, emprésteme unos blanquillos, mi gallina amaneció echada. Allí tengo unos siñores que queren almorzar.

Por el cambio de la viva luz del sol a la penumbra del jacalucho, más turbia todavía por la densa humareda que se alzaba del fogón, los ojos de la vecina se ensancharon. Pero al cabo de breves segundos comenzó a percibir distintamente el contorno de los objetos y la camilla del herido en un rincón, tocando por su cabecera el cobertizo tiznado y brilloso.

Se acurrucó en cuclillas al lado de señá Remigia y echando miradas furtivas adonde reposaba Demetrio, preguntó en voz baja:

— ¿Cómo va el hombre?... ¿Aliviado?... ¡Qué güeno!... ¡Mire, y tan muchacho!... Pero en toavía está retedescolorido... ¡Ah!... ¿De moo es que no le cierra el balazo?... Oiga, señá Remigia, ¿no quere que le hagamos alguna lucha?

Señá Remigia, desnuda arriba de la cintura, tiende sus brazos tendinosos y enjutos sobre la mano del metate y pasa y repasa su nixtamal.

—Pos quién sabe si no les cuadre —responde sin interrumpir la ruda tarea y casi sofocada—; ellos train su dotor y por eso...

— Señá Remigia —entra otra vecina doblando su flaco espinazo para franquear la puerta—, ¿no tiene unas hojitas de laurel que me dé pa hacerle un cocimiento a María Antonia?... Amaneció con el cólico...

Y como, a la verdad, sólo lleva pretexto para curiosear y chismorrear, vuelve los ojos hacia el rincón donde está el enfermo y con un guiño inquiere por su salud.

Señá Remigia baja los ojos para indicar que Demetrio está durmiendo...

— Ande, pos si aquí está usté también, señá Pachita..., no la había visto...

— Güenos días le dé Dios, ña Fortunata... ¿Cómo amanecieron?

—Pos María Antonia con su "superior"... y, como siempre, con el cólico...

En cuclillas, pónese cuadril a cuadril con señá Pachita.

—No tengo hojas de laurel, mi alma —responde señá Remigia suspendiendo un instante la molienda; aparta de su rostro goteante algunos cabellos que caen sobre sus ojos y hunde luego las dos manos en un apaste, sacando un gran puñado de maíz cocido que chorrea una agua amarillenta y turbia—. Yo no tengo; pero vaya con señá Dolores: a ella no le faltan nunca yerbitas.

—Na Dolores dende anoche se jue pa la cofradía. A sigún razón vinieron por ella pa que juera a sacar de su cuidado a la muchachilla de tía Matías.

— ¡Ande, señá Pachita, no me lo digal...

Las tres viejas forman animado corro y, hablando en voz muy baja, se ponen a chismorrear con vivísima animación.

— ¡Cierto como haber Dios en los cielos!...

— ¡Ah, pos si yo jui la primera que lo dije: "Marcelina está gorda y está gorda"! Pero naiden me lo quería creer...

— Pos pobre criatura... ¡Y pior si va resultando con que es de su tío Nazario!...

—¡Dios la favorezcal...

—¡No, qué tío Nazario ni qué ojo de hachal... ¡Mal ajo pa los federales condenados!...

— ¡Bah, pos aistá otra enfelizada más!...

El barullo de las comadres acabó por despenar a Derríetrio.

Asilenciáronse un momento, y a poco dijo señá Pachita, sacando del seno un palomo tierno que abría el pico casi sofocado ya:

— Pos la mera verdá, yo le traiba al siñor estas sustancias..., pero sigún razón está en manos de médico...

— Eso no le hace, señá Pachita...; es cosa que va por juera...

—Siñor, dispense la parvedá...; aquí le traigo este presente —dijo la vejarruca acercándose a Demetrio—. Pa las morragias de sangre no hay como estas sustancias...

Demetrio aprobó vivamente. Ya le habían puesto en el estómago unas piezas de pan mojado en aguardiente, y aunque cuando se las despegaron le vaporizó mucho el ombligo, sentía que aún le quedaba mucho calor encerrado.

— Ande, usté que sabe bien, señá Remigia —exclamaron las vecinas.

De un otate desensartó señá Remigia una larga y encorvada cuchilla que servía para apear tunas; tomó el pichón en una sola mano y, volviéndolo por el vientre, con habilidad de cirujano lo partió por la mitad de un solo tajo.

—¡En el nombre de Jesús, María y José! —dijo señá Remigia echando una bendición. Luego, con rapidez,

aplicó calientes y chorreando los dos pedazos del palomo sobre el abdomen de Demetrio.

—Ya verá cómo va a sentir mucho consuelo...

Obedeciendo las instrucciones de señá Remigia, Demetrio se inmovilizó encogiéndose sobre un costado.

Entonces señá Fortunata contó su cuita. Ella le tenía muy buena voluntad a los señores de la revolución. Hacía tres meses que los federales le robaron su única hija, y eso la tenía inconsolable y fuera de sí.

Al principio de la relación, la Codorniz y Anastasio Montañés, atejonados al pie de la camilla, levantaban la cabeza y, entreabierta la boca, escuchaban el relato; pero en tantas minucias se metió señá Fortunata, que a la mitad la Codorniz se aburrió y salió a rascarse al sol, y cuando terminaba solemnemente: "Espero de Dios y María Santísima que ustedes no han de dejar vivo a uno de estos federales del infierno", Demetrio, vuelta la cara a la pared, sintiendo mucho consuelo con las sustancias en el estómago, repasaba un itinerario para internarse en Durango, y Anastasio Montañés roncaba como un trombón.

X

—¿Por qué no llama al curro pa que lo cure, compadre Demetrio? —dijo Anastasio Montañés al jefe, que a diario sufría grandes calosfríos y calenturas—. Si viera, él se cura solo y anda ya tan aliviado que ni cojea siquiera.

Pero Venancio, que tenía dispuestos los botes de manteca y las planchuelas de hilas mugrientas, protestó:

— Si alguien le pone mano, yo no respondo de las resultas.

— Oye, compa, ¡pero qué dotor ni qué naa eres tú!... ¿Voy que ya hasta se te olvidó por qué viniste a dar aquí? —dijo la Codorniz.

— Sí, ya me acuerdo, Codorniz, de que andas con nosotros porque te robaste un reloj y unos anillos de brillantes —repuso muy exaltado Venancio.

La Codorniz lanzó una carcajada.

— ¡Siquiera!... Pior que tú corriste de tu pueblo porque envenenaste a tu novia.

— ¡Mientes!...

— Sí; le diste cantáridas pa...

Los gritos de protesta de Venancio se ahogaron entre las carcajadas estrepitosas de los demás.

Demetrio, avinagrado el semblante, les hizo callar; luego comenzó a quejarse, y dijo:

—A ver, traigan, pues, al estudiante.

Vino Luis Cervantes, descubrió la pierna, examinó detenidamente la herida y meneó la cabeza. La ligadura de manta se hundía en un surco de piel; la pierna, abotagada, parecía reventar. A cada movimiento, Demetrio ahogaba un gemido. Luis Cervantes cortó la ligadura, lavó abundantemente la herida, cubrió el muslo con grandes lienzos húmedos y lo vendó.

Demetrio pudo dormir toda la tarde y toda la noche. Otro día despertó muy contento.

—Tiene la mano muy liviana el curro —dijo. Venancio, pronto, observó:

— Está bueno; pero hay que saber que los curros son como la humedad, por dondequiera se filtran. Por los curros se ha perdido el fruto de las revoluciones.

Y como Demetrio creía a ojo cerrado en la ciencia del barbero, otro día, a la hora que Luis Cervantes lo fue a curar, le dijo:

—Oiga, hágalo bien pa que cuando me deje bueno y sano se largue ya a su casa o adonde le dé su gana.

Luis Cervantes, discreto, no respondió una palabra.

Pasó una semana, quince días; los federales no daban señales de vida. Por otra parte, el fijol y el maíz abundaban en los ranchos inmediatos; la gente tal odio tenía a los federales, que de buen grado proporcionaban auxilio a los rebeldes. Los de Demetrio, pues, esperaron sin impaciencia el completo restablecimiento de su jefe.

Durante muchos días, Luis Cervantes continuó mustio y silencioso.

—¡Qué se me hace que usté está enamorado, curro! —le dijo Demetrio, bromista, un día, después de la curación y comenzando a encariñarse con él.

Poco a poco fue tomando interés por sus comodidades. Le preguntó si los soldados le daban su ración de carne y leche. Luis Cervantes tuvo que decir que se alimentaba sólo con lo que las buenas viejas del rancho querían darle y que la gente le seguía mirando como a un desconocido o a un intruso.

—Todos son buenos muchachos, curro —repuso Demetrio—; todo está en saberles el modo. Desde mañana no le faltará nada. Ya verá.

En efecto, esa misma tarde las cosas comenzaron a cambiar. Tirados en el pedregal, mirando las nubes crepusculares como gigantescos cuajarones de sangre, escuchaban algunos de los hombres de Macías la relación que hacía Venancio de amenos episodios de *El judío errante*. Muchos, arrullados por la meliflua voz del barbero comenzaron a roncar; pero Luis Cervantes, muy atento, luego que acabó su plática con extraños comentarios anticlericales, le dijo enfático:

— ¡Admirable! ¡Tiene usted un bellísimo talento!

— No lo tengo malo —repuso Venancio convencido—; pero mis padres murieron y yo no pude hacer carrera.

— Es lo de menos. Al triunfo de nuestra causa, usted obtendrá fácilmente un título. Dos o tres semanas de concurrir a los hospitales, una buena recomendación de nuestro jefe Macías..., y usted, doctor... ¡Tiene tal facilidad, que todo sería un juego!

Desde esa noche, Venancio se distinguió de los demás dejando de llamarle curro. Luisito por aquí y Luisito por allí.

—Oye, curro, yo quería icirte una cosa... —dijo Camila una mañana, a la hora que Luis Cervantes iba por agua hervida al jacal para curar su pie.

La muchacha andaba inquieta de días atrás, y sus melindres y reticencias habían acabado por fastidiar al mozo, que, suspendiendo de pronto su tarea, se puso en pie y, mirándola cara a cara, le respondió:

— Bueno... ¿Qué cosa quieres decirme?

Camila sintió entonces la lengua hecha un trapo y nada pudo pronunciar; su rostro se encendió como un madroño, alzó los hombros y encogió la cabeza hasta tocarse el desnudo pecho. Después, sin moverse y fijando, con obstinación de idiota, sus ojos en la herida, pronunció con debilísima voz:

—¡Mira qué bonito viene encarnando yal... Parece botón de rosa de Castilla.

Luis Cervantes plegó el ceño con enojo manifiesto y se puso de nuevo a curarse sin hacer más caso de ella.

Cuando terminó, Camila había desaparecido.

Durante tres días no resultó la muchacha en parte alguna. Señá Agapita, su madre, era la que acudía ál llamado de Luis Cervantes y era la que le hervía el agua y los lienzos. El buen cuidado tuvo de no preguntar más. Pero a los tres días ahí estaba de nuevo Camila con más rodeos y melindres que antes.

Luis Cervantes, distraído, con su indiferencia envalentonó a Camila, que habló al fin:

—Oye, curro... Yo quería icirte una cosa... Oye, curro; yo quiero que me repases La Adelita... pa... ¿A que no me adivinas pa qué?... Pos pa cantarla mucho, mucho, cuando ustedes se vayan, cuando ya no estés tú aquí..., cuando andes ya tan lejos, lejos..., que ni más te acuerdes de mí...

Sus palabras hacían en Luis Cervantes el efecto de una punta de acero resbalando por las paredes de una redoma.

Ella no lo advertía, y prosiguió tan ingenua como antes:

i —¡Anda, curro, ni te cuento!... Si vieras qué malo es el viejo que los manda a ustedes... Ai tienes nomás lo que me sucedió con él... Ya sabes que no quere el tal Demetrio que naiden le haga la comida más que mi mamá y que naiden se la lleve más que yo... Güeno; pos Potro día entré con el champurrao, ¿y qué te parece que hizo el viejo e porra? Pos que me pepena de la mano y me la agarra juerte, fuerte; luego comienza a

pellizcarme las corvas... ¡Ah, pero qué pliegue tan güeno le he echao!... "¡¡Epa, pior!... ¡Estése quieto!... ¡Pior, viejo malcriado!... ¡Suélteme..., suélteme, viejo sinvergüenza!" Y que me doy el reculón y me le zafo, y que ai voy pa juera a toa carrera... ¿Qué te parece nomás, curro?

Jamás había visto reír con tanto regocijo Camila a Luis Cervantes.

— Pero ¿de veras es cierto todo lo que me estás contando?

Profundamente desconcertada, Camila no podía responderle. Él volvió a reír estrepitosamente y a repetir su pregunta. Y ella, sintiendo la inquietud y la zozobra más grandes, le respondió con voz quebrantada:

— Sí, es cierto... Y eso es lo que yo te quería icir... ¿Qué no te ha dao coraje por eso, curro?

Una vez más Camila contempló con embeleso el fresco y radioso rostro de Luis Cervantes, aquellos ojos glaucos de tierna expresión, sus carrillos frescos y rosados como los de un muñeco de porcelana, la tersura de una piel blanca y delicada que asomaba abajo del cuello, y más arriba de las mangas de una tosca camiseta de lana, el rubio tierno de sus cabellos, rizados ligeramente.

— Pero ¿qué diablos estás esperando, pues, boba? Si el jefe te quiere, ¿tú qué más pretendes?...

Camila sintió que de su pecho algo se levantaba, algo que llegaba hasta su garganta y en su garganta se anudaba. Apretó fuertemente sus párpados para exprimir sus *ojos* rasos; luego limpió con el dorso de su mano la humedad de los carrillos y, como hacía tres días, con la ligereza del cervatillo, escapó.

XII

La herida de Demetrio había cicatrizado ya. Comenzaban a discutir los proyectos para acercarse al Norte, donde se decía que los revolucionarios habían triunfado en toda línea de los federales. Un acontecimiento vino a precipitar las cosas. Una vez Luis Cervantes, sentado en un picacho de la sierra, al fresco de la tarde, la mirada perdida a lo lejos, soñando, mataba el fastidio. Al pie del angosto crestón, alagartados entre los jarales y a orillas del río, Pancracio y el Manteca jugaban baraja. Anastasio Montañés, que veía el juego con indiferencia, volvió de pronto su rostro de negra barba y dulces *ojos* hacia Luis Cervantes y le dijo:

— ¿Por qué está triste, curro? ¿Qué piensa tanto? Venga, arrímese a platicar...

Luis Cervantes no se movió; pero Anastasio fue a sentarse amistosamente a su lado.

— A usté le falta la bulla de su tierra. Bien se echa de ver que es de zapato pintado y moñito en la camisa... Mire, curro: ai donde me ve aquí, todo mugriento y desgarrado, no soy lo que parezco... ¿A que no me lo cree?... Yo no tengo necesidad; soy dueño de diez yuntas de bueyes... ¡De veras!... Ai que lo diga mi compadre Demetrio... Tengo mis diez fanegas de siembra... ¿A que no me lo cree?... Mire, curro; a mí me cuadra mucho hacer repelar a los federales, y por eso me tienen mala voluntad. La última vez, hace ocho meses ya (los mismos que tengo de andar aquí), le metí un navajazo a un capitancito faceto (Dios me guarde), aquí, merito del ombligo... Pero, de veras, yo no tengo necesidad... Ando aquí por eso... y por darle la mano a mi compadre Demetrio.

— ¡Moza de mi vida! —gritó el Manteca entusiasmado con un albur. Sobre la sota de espadas puso una moneda de veinte centavos de plata.

— ¡Cómo cree que a mí nadita que me cuadra el juego, curro!... ¿Quiere usté apostar?... ¡ándele, mire; esta viborita de cuero suena todavía! —dijo Anastasio sacudiendo el cinturón y haciendo oír el choque de los pesos duros.

En éstas corrió Pancracio la baraja, vino la sota y se armó un altercado. Jácara, gritos, luego injurias. Pancracio enfrentaba su rostro de piedra ante el del Manteca, que lo veía con ojos de culebra, convulso como un epiléptico. De un momento a otro llegaban a las manos. A falta de insolencias suficientemente incisivas, acudían a nombrar padres y madres en el bordado más rico de indecencias.

Pero nada ocurrió; luego que se agotaron los insultos, suspendióse el juego, se echaron tranquilamente un brazo a la espalda y paso a paso se alejaron en busca de un trago de aguardiente.

—Tampoco a mí me gusta pelear con la lengua. Eso es feo, ¿verdad, curro?... De veras, mire, a mí nadien me ha mentao a mi familia... Me gusta darme mi lugar. Por eso me verá que nunca ando chacoteando... Oiga, curro —prosiguió Anastasio, cambiando el acento de su voz, poniéndose una mano sobre la frente y de pie—, ¿qué polvareda se levanta allá, detrás de aquel cerrito? ¡Caramba! ¡A poco son los mochos!... ¡Y uno tan desprevenido!... Véngase, curro; vamos a darles parte a los muchachos.

Fue motivo de gran regocijo:

— ¡Vamos a toparlos! —dijo Pancracio el primero.

—Sí, vamos a toparlos. ¡Qué pueden traer que no lleven!...

Pero el enemigo se redujo a un hatajo de burros y dos arrieros.

— Párenlos. Son arribeños y han de traer algunas novedades —dijo Demetrio.

Y las tuvieron de sensación. Los federales tenían fortificados los cerros de El Grillo y La Bufa de Zacatecas. Decíase que era el último reducto de Huerta, y todo el mundo auguraba la caída de la plaza.. Las familias salían con precipitación rumbo al sur; los trenes iban colmados de gente; faltaban carruajes y carretones, y por los caminos reales, muchos, sobrecogidos de pánico, marchaban a pie y con sus equipajes a cuestas. Pánfilo Natera reunía su gente en Fresnillo, y a los federales "ya les venían muy anchos los pantalones".

— La caída de Zacatecas es el *Requiescat in pace* de Huerta —aseguró Luis Cervantes con extraordinaria vehemencia—. Necesitamos llegar antes del ataque a juntarnos con el general Natera.

Y reparando en el extrañamiento que sus palabras causaban en los semblantes de Demetrio y sus compañeros, se dio cuenta de que aún era un don nadie allí.

Pero otro día, cuando la gente salió en busca de buenas bestias para emprender de nuevo la marcha, Demetrio llamó a Luis Cervantes y le dijo:

—¿De veras quiere irse con nosotros, curro?... Usté es de otra madera, y la verdá, no entiendo cómo pueda gustarle esta vida. ¿Qué cree que uno anda aquí por su puro gusto?... Cierto, ¿a qué negarlo?, a uno le cuadra el ruido; pero no sólo es eso... Siéntese, curro, siéntese, para contarle. ¿Sabe por qué me levanté?... Mire, antes

de la revolución tenía yo hasta mi tierra volteada para sembrar, y si no hubiera sido por el choque con don Mónico, el cacique de Moyahua, a estas horas andaría yo con mucha priesa, preparando la yunta para las siembras... Pancracio, apéate dos botellas de cerveza, una para mí y otra para el curro... Por la señal de la Santa Cruz... ¿Ya no hace daño, verdad?...

XIII

—Yo soy de Limón, allí, muy cerca de Moyahua, del puro cañón de Juchipila. Tenía mi casa, mis vacas y un pedazo de tierra para sembrar; es decir, que nada me faltaba. Pues, señor, nosotros los rancheros tenemos la costumbre de bajar al lugar cada ocho días. Oye uno su misa, oye el sermón, luego va a la plaza, compra sus cebollas, sus jitomates y todas las encomiendas. Después entra uno con los amigos a la tienda de Primitivo López a hacer las once. Se toma la copita; a veces es uno condescendiente y se deja cargar la mano, y se le sube el trago, y le da mucho gusto, y ríe uno, grita y canta, si le da su mucha gana. Todo está bueno, porque no se ofende a nadie. Pero que comienzan a meterse con usté; que el policía pasa y pasa, arrima la oreja a la puerta; que al comisario o a los auxiliares se les ocurre quitarle a usté su gusto... ¡Claro, hombre, usté no tiene la sangre de horchata, usté lleva el alma en el cuerpo, a usté le da coraje, y se levanta y les dice su justo precio! Si entendieron, santo y bueno; a uno lo dejan en paz, y en eso paró todo. Pero hay veces que quieren hablar ronco y golpeado... y uno es lebroncito de por sí... y no le cuadra que nadie le pele los ojos... Y, sí señor; sale la daga, sale la pistola... ¡Y luego vamos a correr la sierra hasta que se les olvide el difuntito!

"Bueno. ¿Qué pasó con don Mónico? ¡Faceto! Muchísimo menos que con los otros. ¡Ni siquiera vio correr el gallo!... Una escupida en las barbas por entrometido, y pare usté de contar... Pues con eso ha habido para que me eche encima a la federación. Usté ha de saber del chisme ése de México, donde mataron al señor Madero y a otro, a un tal Félix o Felipe Díaz, ¡qué sé yo!... Bueno: pues el dicho don Mónico fue en persona a Zacatecas a traer escolta para que me agarraran. Que diz que yo era maderista y que me iba a levantar. Pero como no faltan amigos, hubo quien me lo avisara a tiempo, y cuando los federales vinieron a Limón, yo ya me había pelado. Después vino mi compadre Anastasio, que hizo una muerte, y luego Pancracio, la Codorniz y muchos amigos y conocidos. Después se nos han ido juntando más, y ya ve: hacemos la lucha como podemos."

—Mi jefe —dijo Luis Cervantes después de algunos minutos de silencio y meditación—, usted sabe ya que aquí cerca, en Juchipila, tenemos gente de Natera; nos conviene ir a juntarnos con ellos antes de que tomen Zacatecas. Nos presentamos con el general...

—No tengo genio para eso... A mí no me cuadra rendirle a nadie.

—Pero usted, sólo con unos cuantos hombres por acá, no dejará de pasar por un cabecilla sin importancia. La revolución gana indefectiblemente; luego que se acabe le dicen, como les dijo Madero a los que le ayudaron: "Amigos, muchas gracias; ahora vuélvanse a sus casas..."

— No quiero yo otra cosa, sino que me dejen en paz para volver a mi casa.

— Allá voy... No he terminado: "Ustedes, que me levantaron hasta la Presidencia de la República, arriesgando su vida, con peligro inminente de dejar viudas y huérfanos en la miseria, ahora que he conseguido mi objeto, váyanse a coger el azadón y la pala, a medio vivir, siempre con hambre y sin vestir, como estaban antes, mientras que nosotros, los de arriba, hacemos unos cuantos millones de pesos."

Demetrio meneó la cabeza y sonriendo se rascó:

— ¡Luisito ha dicho una verdad como un templo! —exclamó con entusiasmo el barbero Venancio.

— Como decía —prosiguió Luis Cervantes—, se acaba la revolución, y se acabó todo. ¡Lástima de tanta vida segada, de tantas viudas y huérfanos, de tanta sangre vertida! Todo, ¿para qué? Para que unos cuantos bribones se enriquezcan y todo quede igual o peor que antes. Usted es desprendido, y dice: "Yo no ambiciono más que volver a mi tierra". Pero ¿es de justicia privar a su mujer y a sus hijos de la fortuna que la Divina Providencia le pone en sus manos? ¿Será justo abandonar a la patria en estos momentos solemnes en que va a necesitar de toda la abnegación de sus hijos los humildes para que la salven, para que no la dejen caer de nuevo en manos de sus eternos detentadores y verdugos, los caciques?... ¡No hay que olvidarse de lo más sagrado que existe en el mundo para el hombre: la familia y la patria!...

Macías sonrió y sus ojos brillaron.

— ¿Qué, será bueno ir con Natera, curro?

— No sólo bueno —pronunció insinuante Venancio—, sino indispensable, Demetrio.

—Mi jefe —continuó Cervantes—, usted me ha simpatizado desde que lo conocí, y lo quiero cada vez más, porque sé todo lo que vale. Permítame que sea enteramente franco. Usted no comprende todavía su verdadera, su alta y nobilísima misión. Usted, hombre modesto y sin ambiciones, no quiere ver el importantísimo papel que le toca en esta revolución. Mentira que usted ande por aquí por don Mónico, el cacique; usted se ha levantado contra el caciquismo que asola toda la nación. Somos elementos de un gran movimiento social que tiene que concluir por el engrandecimiento de nuestra patria. Somos instrumentos del des-tino para la reivindicación de los sagrados derechos del pueblo. No peleamos por derrocar a un asesino miserable, sino contra la tiranía misma. Eso es lo que se lla-ma luchar por principios, tener ideales. Por ellos luchan Villa, Natera, Carranza; por ellos estamos luchando nosotros.

— Sí, sí; cabalmente lo que yo he pensado —dijo Venancio entusiasmadísimo.

— Pancracio, apéate otras dos cervezas...

XIV

—Si vieras qué bien explica las cosas el curro, compadre Anastasio —dijo Demetrio, preocupado por lo que esa mañana había podido sacar en claro de las palabras de Luis Cervantes.

— Ya lo estuve oyendo —respondió Anastasio—. La verdad, es gente que, como sabe leer y escribir, entiende bien las cosas. Pero lo que a mí no se me alcanza, compadre, es eso de que usted vaya a presentarse con el señor Natera con tan poquitos hombres.

—¡Hum, es lo de menos! Desde hoy vamos a hacerlo ya de otro modo. He oído decir que Crispín Robles llega a todos los pueblos sacando cuantas armas y caballos encuentra; echa fuera de la cárcel a los presos, y en dos por tres tiene gente de sobra. Ya verá. La verdad, compadre Anastasio, hemos tonteado mucho. Parece a manera de mentira que este curro haya venido a enseñarnos la cartilla.

—¡Lo que es eso de saber leer y escribir!...

Los dos suspiraron con tristeza.

Luis Cervantes y muchos otros entraron a informarse de la fecha de salida.

—Mañana mismo nos vamos —dijo Demetrio sin vacilación.

Luego la Codorniz propuso traer música del pueblito inmediato y despedirse con un baile. Y su idea fue acogida con frenesí.

— Pos nos iremos —exclamó Pancracio y dio un aullido—; pero lo que es yo ya no me voy solo... Tengo mi amor y me lo llevo.

Demetrio dijo que él de muy buena gana se llevaría también a una mozuela que traía entre ojos, pero que deseaba mucho que ninguno de ellos dejara recuerdos negros, como los federales.

—No hay que esperar mucho; a la vuelta se arregla todo —pronunció en voz baja Luis Cervantes.

— ¡Cómo! —dijo Demetrio—. ¿Pues no dicen que usté y Camila...?

— No es cierto, mi jefe; ella lo quiere a usted... pero le tiene miedo...

—¿De veras, curro?

— Sí; pero me parece muy acertado lo que usted dice: no hay que dejar malas impresiones... Cuando regresemos en triunfo, todo será diferente; hasta se lo agradecerán.

— ¡Ah, curro!... ¡Es usté muy lanza! —contestó Demetrio, sonriendo y palmeándole la espalda.

Al declinar la tarde, como de costumbre, Camila bajaba por agua al río. Por la misma vereda y a su encuentro venía Luis Cervantes.

Camila sintió que el corazón se le quería salir.

Quizá sin reparar en ella, Luis Cervantes, bruscamente, desapareció en un recodo de peñascos.

A esa hora, como todos los días, la penumbra apagaba en un tono mate las rocas calcinadas, los ramajes quemados por el sol y los musgos resecos. Soplaba un viento tibio en débil rumor, meciendo las hojas lanceoladas de la tierna milpa. Todo era igual; pero en las piedras, en las ramas secas, en el aire embalsamado y en la hojarasca, Camila encontraba ahora algo muy extraño: como si todas aquellas cosas tuvieran mucha tristeza.

Dobló una peña gigantesca y carcomida, y dio bruscamente con Luis Cervantes, encaramado en una roca, las piernas pendientes y descubierta la cabeza.

— Oye, curro, ven a decirme adiós siquiera.

Luis Cervantes fue bastante dócil. Bajó y vino a ella.

—¡Orgulloso!... ¿Tan mal te serví que hasta el habla me niegas?...

— ¿Por qué me dices eso, Camila? Tú has sido muy buena conmigo... mejor que una amiga; me has cuidado como una hermana. Yo me voy muy agradecido de ti y siempre lo recordaré.

—¡Mentiroso! —dijo Camila transfigurada de alegría—. ¿Y si yo no te he hablado?

— Yo iba a darte las gracias esta noche en el baile.

— ¿Cuál baile?... Si hay baile, no iré yo...

— ¿Por qué no irás?

—Porque no puedo ver al viejo ese... al Demetrio.

— ¡Qué tonta!... Mira, él te quiere mucho; no pierdas esta ocasión que no volverás a encontrar en toda tu vida. Tonta, Demetrio va a llegar a general, va a ser muy rico... Muchos caballos, muchas alhajas, vestidos muy lujosos, casas elegantes y mucho dinero para gastar... ¡Imagínate lo que serías al lado de él!

Para que no le viera los ojos, Camila los levantó hacia el azul del cielo. Una hoja seca se desprendió de las alturas del tajo y, balanceándose en el aire lentamente, cayó como mariposita muerta a sus pies. Se inclinó y la tomó en sus dedos. Luego, sin mirarlo a la cara, susurró:

—¡Ay, curro... si vieras qué feo siento que tú me digas eso!... Si yo a ti es al que quero... pero a ti nomás... Vete, curro; vete, que no sé por qué me da tanta vergüenza... ¡Vete, vete!...

Y tiró la hoja desmenuzada entre sus dedos angustiosos y se cubrió la cara con la punta de su delantal.

Cuando abrió de nuevo los ojos, Luis Cervantes había desaparecido.

Ella siguió la vereda del arroyo. El agua parecía espolvoreada de finísimo carmín; en sus ondas se removían un cielo de colores y los picachos mitad luz y mitad sombra. Miríadas de insectos luminosos parpadeaban en un remanso. Y en el fondo de guijas lavadas se reprodujo con su blusa amarilla de cintas verdes, sus enaguas blancas sin almidonar, lamida la cabeza y estiradas

las cejas y la frente; tal como se había ataviado para gustar a Luis.

Y rompió a llorar.

Entre los jarales las ranas cantaban la implacable melancolía de la hora.

Meciéndose en una rama seca, una torcaz lloró también.

XV

En el baile hubo mucha alegría y se bebió muy buen mezcal.

—Extraño a Camila —pronunció en voz alta Demetrio.

Y todo el mundo buscó con los ojos a Camila.

— Está mala, tiene jaqueca —respondió con aspereza señá Agapita, amoscada por las miradas de malicia que todos tenían puestas en ella.

Ya al acabarse el fandango, Demetrio, bamboleándose un poco, dio las gracias a los buenos vecinos que tan bien los habían acogido y prometió que al triunfo de la revolución a todos los tendría presentes, que "en la cama y en la cárcel se conoce a los amigos".

— Dios los tenga de su santa mano —dijo una vieja.

—Dios los bendiga y los lleve por buen camino —dijeron otras.

Y María Antonia, muy borracha:

—¡Que güelvan pronto... pero repronto!...

Otro día María Antonia, que aunque cacariza y con una nube en un ojo tenía muy mala fama, tan mala que se aseguraba que no había varón que no la hubiese conocido entre los jarales del río, le gritó así a Camila:

— ¡Epa, tú!... ¿Qué es eso?... ¿Qué haces en el rincón con el rebozo liado a la cabeza?... ¡Huy!... ¿Llorando?... ¡Mira qué ojos! ¡Ya pareces hechicera! ¡Vaya... no te apures!... No hay dolor que al alma llegue, que a los tres días no se acabe.

Señá Agapita juntó las cejas, y quién sabe qué gruñó para sus adentros.

En verdad, las comadres estaban desazonadas por la partida de la gente, y los mismos hombres, no obstante díceres y chismes un tanto ofensivos, lamentaban que no hubiera ya quien surtiera el rancho de carneros y terneras para comer carne a diario. ¡Tan a gusto que se pasa uno la vida comiendo y bebiendo, durmiendo a pierna tirante a la sombra de las peñas, mientras que las nubes se hacen y deshacen en el cielo!

— ¡Mírenlos otra vez! Allá van —gritó María Antonia—; parecen juguetes de rinconera.

A lo lejos, allá donde la breña y el chaparral comenzaban a fundirse en un solo plano aterciopelado y azuloso, se perfilaron en la claridad zafirina del cielo y sobre el filo de una cima los hombres de Macías en sus escuetos jamelgos. Una ráfaga de aire cálido llevó hasta los jacales los acentos vagos y entrecortados de *La Adelita*.

Camila, que a la voz de María Antonia había salido a verlos por última vez, no pudo contenerse, y regresó ahogándose en sollozos.

María Antonia lanzó una carcajada y se alejó.

"A mi hija le han hecho mal de ojo", rumoreó señá Agapita, perpleja.

Meditó mucho tiempo, y cuando lo hubo reflexionado bien, tomó una decisión: de una estaca clavada en un poste del jacal, entre el Divino Rostro y la Virgen de Jalpa, descolgó un barzón de cuero crudo que servía a su marido para uncir la yunta y, doblándolo, propinó a Camila una soberbia golpiza para sacarle todo el daño.

En su caballo zaino, Demetrio se sentía rejuvenecido; sus ojos recuperaban su brillo metálico peculiar, y en sus mejillas cobrizas de indígena de pura raza corría de nuevo la sangre roja y caliente.

Todos ensanchaban sus pulmones como para respirar los horizontes dilatados, la inmensidad del cielo, el azul de las montañas y el aire fresco, embalsamado de los aromas de la sierra. Y hacían galopar sus caballos, como si en aquel correr desenfrenado pretendieran posesionarse de toda la tierra. ¿Quién se acordaba ya del severo comandante de la policía, del gendarme gruñón y del cacique enfatuado? ¿Quién del mísero jacal, donde se vive como esclavo, siempre bajo la vigilancia del amo o del hosco y sañudo mayordomo, con la obligación imprescindible de estar de pie antes de salir el sol, con la pala y la canasta, o la mancera y el otate, para ganarse la olla de atole y el plato de frijoles del día?

Cantaban, reían y ululaban, ebrios de sol, de aire y de vida.

El Meco, haciendo cabriolas, mostraba su blanca dentadura, bromeaba y hacía payasadas.

— Oye, Pancracio —preguntó muy serio—; en carta que me pone mi mujer me notifica que izque ya tenemos otro hijo. ¿Cómo es eso? ¡Yo no la veo dende tiempos del siñor Madero!

— No, no es nada... ¡La dejaste enhuevada!

Todos ríen estrepitosamente. Sólo el Meco, con mucha gravedad e indiferencia, canta en horrible falsete:

Yo le daba un centavo y ella me dijo que no... Yo le daba medio y no lo quiso agarrar.

Tanto me estuvo rogando hasta que me sacó un rial. ¡Ay, qué mujeres ingratas, no saben considerar!

La algarabía cesó cuando el sol los fue aturdiendo.

Todo el día caminaron por el cañón, subiendo y bajando cerros redondos, rapados y sucios como cabezas tiñosas, cerros que se sucedían interminablemente.

Al atardecer, en la lejanía, en medio de un lomerío azul, se esfumaron unas torrecillas acanteradas; luego la carretera polvorienta en blancos remolinos y los postes grises del telégrafo.

Avanzaron hacia el camino real y, a lo lejos, descubrieron el bulto de un hombre en cuclillas, a la vera. Llegaron hasta allí. Era un viejo haraposo y mal encarado. Con una navaja sin filo remendaba trabajosamente un guarache. Cerca de él pacía un borrico cargado de yerba.

Demetrio interrogó:

— ¿Qué haces aquí, abuelito?

— Voy al pueblo a llevar alfalfa para mi vaca. —¿Cuántos son los federales?

—Sí..., unos cuantos; creo que no llegan a la docena. El viejo soltó la lengua. Dijo que había rumores muy graves: que Obregón estaba ya sitiando a Guadalajara;

Carrera Torres, dueño de San Luis Potosí, y Pánfilo Natera, en Fresnillo.

— Bueno —habló Demetrio—, puedes irte a tu pueblo; pero cuidado con ir a decir a nadie una palabra de lo que has visto, porque te trueno. Daría contigo aunque te escondieras en el centro de la tierra.

—¿Qué dicen, muchachos? —interrogó Demetrio cuando el viejo se había alejado.

—¡A darles!... ¡A no dejar un mocho vivo! —exclamaron todos a una.

Contaron los cartuchos y las granadas de mano que el Tecolote había fabricado con fragmentos de tubo de hierro y perillas de latón.

— Son pocos —observó Anastasio—; pero los vamos a cambiar por carabinas.

Y, ansiosos, se apresuraban a seguir delante, hincando las espuelas en los ijares enjutados de sus agotadas recuas.

La voz imperiosa de Demetrio los detuvo.

Acamparon a la falda de una loma, protegidos por espeso huizachal. Sin desensillar, cada uno fue buscando una piedra para cabecera.

XVI

A medianoche, Demetrio Macías dio la orden de marcha. El pueblo distaba una o dos leguas, y había que dar un albazo a los federales.

El cielo estaba nublado, brillaban una que otra estrella y, de vez en vez, en el parpadeo rojizo de un relámpago, se iluminaba vivamente la lejanía.

Luis Cervantes preguntó a Demetrio si no sería conveniente, para el mejor éxito del ataque, tomar un guía o cuando menos procurarse los datos topográficos del pueblo y la situación precisa del cuartel.

—No, curro —respondió Demetrio sonriendo y con un gesto desdeñoso—; nosotros caemos cuando ellos menos se lo esperen, y ya. Así lo hemos hecho muchas veces. ¿Ha visto cómo sacan la cabeza las ardillas por la boca del tusero cuando uno se los llena de agua? Pues igual de aturdidos van a salir estos mochitos infelices luego que oigan los primeros disparos. No salen más que a servirnos de blanco.

— ¿Y si el viejo que ayer nos informó nos hubiera mentido? ¿Si en vez de veinte hombres resultaran cincuenta? ¿Si fuese un espía apostado por los federales?

—¡Este curro ya tuvo miedo! —dijo Anastasio Montañés.

— ¡Como que no es igual poner cataplasmas y lavativas a manejar un fusil! —observó Pancracio.

— ¡Hum! —repuso el Meco—. Es ya mucha plática...! Pa una docena de ratas aturdidas!

— No va a ser hora cuando nuestras madres sepan si parieron hombres o qué —agregó el Manteca.

Cuando llegaron a orillas del pueblito, Venancio se adelantó y llamó a la puerta de una choza.

—¿Dónde está el cuartel? —interrogó al hombre que salió, descalzo y con una garra de jorongo abrigando su pecho desnudo.

— El cuartel está abajito de la plaza, amo —contestó.

Mas como nadie sabía dónde era abajito de la plaza, Venancio lo obligó a que caminara a la cabeza de la columna y les enseñara el camino.

Temblando de espanto el pobre diablo, exclamó que era una barbaridad lo que hacían con él.

—Soy un pobre jornalero, siñor; tengo mujer y muchos hijos chiquitos.

—¿Y los que yo tengo serán perros? —repuso Demetrio.

Luego ordenó:

—Mucho silencio, y uno a uno por la tierra suelta a media calle.

Dominando el caserío, se alzaba la ancha cúpula cuadrangular de la iglesia.

— Miren, siñores, al frente de la iglesia está la plaza, caminan nomás otro tantito pa abajo, y allí mero queda el cuartel.

Luego se arrodilló, pidiendo que ya le dejaran regresar; pero Pancracio, sin responderle, le dio un culatazo sobre el pecho y lo hizo seguir delante.

— ¿Cuántos soldados están aquí? —inquirió Luis Cervantes.

— Amo, no quiero mentirle a su mercé; pero la verdá, la mera verdá, que son un titipuchal...

Luis Cervantes se volvió hacia Demetrio que fingía no haber escuchado.

De pronto desembocaron en una plazoleta. Una estruendosa descarga de fusilería los ensordeció. Estremeciéndose, el caballo zaino de Demetrio vaciló sobre las piernas, dobló las rodillas y cayó pataleando. El Tecolote lanzó un grito agudo y rodó del caballo, que fue a dar a media plaza, desbocado.

Una nueva descarga, y el hombre guía abrió los brazos y cayó de espaldas, sin exhalar una queja. Anastasio Montañés levantó rápidamente a Deme

trio y se lo puso en ancas. Los demás habían retrocedido ya y se amparaban en las paredes de las casas.

— Señores, señores —habló un hombre del pueblo, sacando la cabeza de un zaguán grande—, lléguenles por la espalda de la capilla... allí están todos. Devuélvanse por esta misma calle, tuerzan sobre su mano zurda, luego darán con un callejoncito, y sigan otra vez adelante a caer en la mera espalda de la capilla.

En ese momento comenzaron a recibir una nutrida lluvia de tiros de pistola. Venían de las azoteas cercanas.

— ¡Hum —dijo el hombre—, ésas no son arañas que pican!... Son los curros... Métanse aquí mientras se van... Esos le tienen miedo hasta a su sombra.

— ¿Qué tantos son los mochos? —preguntó Demetrio.

— No estaban aquí más que doce; pero anoche traiban mucho miedo y por telégrafo llamaron a los de delantito. ¡Quién sabe los que serán!... Pero no le hace que sean muchos. Los más han de ser de leva, y todo es que uno haga por voltearse y dejan a los jefes solos. A mi hermano le tocó la leva condenada y aquí lo train. Yo me voy con ustedes, le hago una señal y verán cómo todos se vienen de este lado. Y acabamos nomás con los puros oficiales. Si el siñor quisiera darme una armita...

—Rifle no queda, hermano; pero esto de algo te ha de servir —dijo Anastasio Montañés tendiéndole al hombre dos granadas de mano.

El jefe de los federales era un joven de pelo rubio y bigotes retorcidos, muy presuntuoso. Mientras no supo a ciencia cierta el número de los asaltantes, se había mantenido callado y prudente en extremo; pero ahora

que los acababan de rechazar con tal éxito que no les habían dado tiempo para contestar un tiro siquiera, hacía gala de valor y temeridad inauditos. Cuando todos los soldados apenas se atrevían a asomar sus cabezas detrás de los pretiles del pórtico, él, a la pálida claridad del amanecer, destacaba airosamente su esbelta silueta y su capa dragona, que el aire hinchaba de vez en vez.

—¡Ah, me acuerdo del cuartelazo!...

Como su vida militar se reducía a la aventura en que se vio envuelto como alumno de la Escuela de Aspirantes al verificarse la traición al presidente Madero, siempre que un motivo propicio se presentaba, traía a colación la hazaña de la Ciudadela.

—Teniente Campos —ordenó enfático—, baje usted con diez hombres a chicotearme a esos bandidos que se esconden... ¡Canallas!... ¡Sólo son bravos para comer vacas y robar gallinas!

En la puertecilla del caracol apareció un paisano. Llevaba el aviso de que los asaltantes estaban en un corral, donde era facilísimo cogerlos inmediatamente.

Eso informaban los vecinos prominentes del pueblo, apostados en las azoteas y listos para no dejar escapar al enemigo.

—Yo mismo voy a acabar con ellos —dijo con impei tuosidad el oficial. Pero pronto cambió de opinión. De la puerta misma del caracol retrocedió:

—Es posible que esperen refuerzos, y no será prudente que yo desampare mi puesto. Teniente Campos, va usted y me los coge vivos a todos, para fusilarlos hoy mismo al mediodía, a la hora que la gente esté saliendo de la misa mayor. ¡Ya verán los bandidos qué ejemplares sé poner!... Pero si no es posible, teniente Campos,

acabe con todos. No me deje uno solo vivo. ¿Me ha entendido?

Y, satisfecho, comenzó a dar vueltas, meditando la redacción del parte oficial que rendiría: "Señor ministro de la Guerra, general don Aureliano Blanquet.—México.—Hónrome, mi general, en poner en el superior conocimiento de usted que en la madrugada del día... una partida de quinientos hombres al mando del cabecilla H... osó atacar esta plaza. Con la violencia que el caso demandaba, me fortifiqué en las alturas de la población. El ataque comenzó al amanecer, durando más de dos horas un nutrido fuego. No obstante la superioridad numérica del enemigo, logré castigarlo severamente, infligiéndole completa derrota. El número de muertos fue el de veinte y mayor el de heridos, a juzgar por las huellas de sangre que dejaron en su precipitada fuga. En nuestras filas tuvimos la fortuna de no contar una sola baja.—Me honro en felicitar a usted, señor ministro, por el triunfo de las armas del gobierno. ¡Viva el señor general don Victoriano Huerta! ¡Viva México!"

"Y luego —siguió pensando— mi ascenso seguro a `mayor'." Y se apretó las manos con regocijo, en el mismo momento en que un estallido lo dejó con los oidos zumbando.

XVII

—¿De modo es que si por este corral pudiéramos atravesar saldríamos derecho al callejón? —preguntó Demetrio.

—Sí; sólo que del corral sigue una casa, luego otro corral y una tienda más adelante —respondió el paisano.

Demetrio, pensativo, se rascó la cabeza. Pero su decisión fue pronta.

—¿Puedes conseguir un barretón, una pica, algo así como para agujerear la pared?

—Sí, hay de todo...; pero...

—¿Pero qué?... ¿En dónde están?

—Cabal que al están los avíos; pero todas esas casas son del patrón, y...

Demetrio, sin acabar de escucharlo, se encaminó hacia el cuarto señalado como depósito de la herramienta.

Todo fue obra de breves minutos.

Luego que estuvieron en el callejón, uno tras otro, arrimados a las paredes, corrieron hasta ponerse detrás del templo.

Había que saltar primero una tapia, en seguida el muro posterior de la capilla.

"Obra de Dios", pensó Demetrio. Y fue el primero que la escaló.

Cual monos, siguieron tras él los otros, llegando arriba con las manos estriadas de tierra y de sangre. El resto fue más fácil: escalones ahuecados en la mampostería les permitieron salvar con ligereza el muro de la capilla; luego la cúpula misma los ocultaba de la vista de los soldados.

—Párense tantito —dijo el paisano—; voy a ver dónde anda mi hermano. Yo les hago la señal..., despúes sobre las clases, ¿eh?

Sólo que no había en aquel momento quien reparara ya en él.

Demetrio contempló un instante el negrear de los capotes a lo largo del pretil, en todo el frente y por los lados, en las torres apretadas de gente, tras la baranda de hierro.

Se sonrió con satisfacción, y volviendo la cara a los suyos, exclamó:

— ¡Hora!...

Veinte bombas estallaron a un tiempo en medio de los federales, que, llenos de espanto, se irguieron con los ojos desmesuradamente abiertos. Mas antes de que pudieran darse cuenta cabal del trance, otras veinte bombas reventaban con fragor, dejando un reguero de muertos y heridos.

—¡Tovía no!... ¡Tovía no!... Tovía no veo a mi hermano... —imploraba angustiado el paisano.

En vano un viejo sargento increpa a los soldados y los injuria, con la esperanza de una reorganización salvadora. Aquello no es más que una correría de ratas dentro de la trampa. Unos van a tomar la puertecilla de la escalera y allí caen acribillados a tiros por Demetrio; otros se echan a los pies de aquella veintena de espectros de cabeza y pechos oscuros como de hierro, de largos calzones blancos desgarrados, que les bajan hasta los guaraches. En el campanario algunos luchan por salir, de entre los muertos que han caído sobre ellos.

— ¡Mi jefe! —exclama Luis Cervantes alarmadísimo—. ¡Se acabaron las bombas y los rifles están en el corral! ¡Qué barbaridad!...

Demetrio sonríe, saca un puñal de larga hoja reluciente. Instantáneamente brillan los aceros en las manos de sus veinte soldados; unos largos y puntiagudos,

otros anchos como la palma de la mano, y muchos pesados como marrazos.

—¡El espía! —clama en son de triunfo Luis Cervantes—. ¡No se los dije!

— ¡No me mates, padrecito! —implora el viejo sargento a los pies de Demetrio, que tiene su mano armada en alto.

El viejo levanta su cara indígena llena de arrugas y sin una cana. Demetrio reconoce al que la víspera los engañó.

En un gesto de pavor, Luis Cervantes vuelve bruscamente el rostro. La lámina de acero tropieza con las costillas, que hacen *crac, crac,* y el viejo cae de espaldas con los brazos abiertos y los ojos espantados.

— ¡A mi hermano, no!... ¡No lo maten, es mi hermano! —grita loco de terror el paisano que ve a Pancracio arrojarse sobre un federal.

Es tarde. Pancracio, de un tajo, le ha rebanado el cuello, y como de una fuente borbotan dos chorros escarlata.

— ¡Mueran los juanes!... ¡Mueran los mochos!...

Se distinguen en la carnicería Pancracio y el Manteca, rematando a los heridos. Montañés deja caer su mano, rendido ya; en su semblante persiste su mirada dulzona, en su impasible rostro brillan la ingenuidad del niño y la amoralidad del chacal.

—Acá queda uno vivo —grita la Codorniz.

Pancracio corre hacia él. Es el capitancito rubio de bigote borgoñón, blanco como la cera, que, arrimado a un rincón cerca de la entrada al caracol, se ha detenido por falta de fuerzas para descender.

Pancracio lo lleva a empellones al pretil. Un rodilla

zo en las caderas y algo como un saco de piedras que cae de veinte metros de altura sobre el atrio de la iglesia.

—¡Qué bruto eres! —exclama la Codorniz—, si lo malicio, no te digo nada. ¡Tan buenos zapatos que le iba yo a avanzar!

Los hombres, inclinados ahora, se dedican a desnudar a los que traen mejores ropas. Y con los despojos se visten, y bromean y ríen muy divertidos.

Demetrio, echando a un lado los largos mechones que le han caído sobre la frente, cubriéndole los ojos, empapados en sudor, dice:

¡Ahora a los curros!

XVIII

Demetrio llegó con cien hombres a Fresnillo el mismo día que Pánfilo Natera iniciaba el avance de sus fuerzas sobre la plaza de Zacatecas.

El jefe zacatecano lo acogió cordialmente.

—¡Ya sé quién es usted y qué gente trae! ¡Ya tengo noticia de la cuereada que han dado a los federales desde Tepic hasta Durango!

Natera estrechó efusivamente la mano de Macías, en tanto que Luis Cervantes peroraba:

—Con hombres como mi general Natera y mi coronel Macías, nuestra patria se verá llena de gloria.

Demetrio entendió la intención de aquellas palabras cuando oyó repetidas veces a Natera llamarle "mi coronel".

Hubo vino y cervezas. Demetrio chocó muchas veces su vaso con el de Natera. Luis Cervantes brindó "por el triunfo de nuestra causa, que es el triunfo sublime

de la justicia; porque pronto veamos realizados los ideales de redención de este nuestro pueblo sufrido y noble, y sean ahora los mismos hombres que han regado con su propia sangre la tierra los que cosechen los frutos que legítimamente les pertenecen".

Natera volvió un instante su cara adusta hacia el parlanchín, y dándole luego la espalda, se puso a platicar con Demetrio.

Poco a poco, uno de los oficiales de Natera se había acercado fijándose con insistencia en Luis Cervantes. Era joven, de semblante abierto y cordial.

—   ¿Luis Cervantes?...

—   ¿El señor Solís?

—   Desde que entraron ustedes creí conocerlo... Y, ¡vamos!, ahora lo veo y aún me parece mentira.

—   Y no lo es...

—¿De modo que...? Pero vamos a tomar una copa; venga usted...

—   ¡Bah! —prosiguió Solís ofreciendo asiento a Luis Cervantes—. ¿Pues desde cuándo se ha vuelto usted revolucionario?

—   Dos meses corridos.

—   ¡Ah, con razón habla todavía con ese entusiasmo y esa fe con que todos venimos aquí al principio!

–   ¿Usted los ha perdido ya?

—Mire, compañero, no le extrañen confidencias de buenas a primeras. Da tanta gana de hablar con gente de sentido común, por acá, que cuando uno suele encontrarla se le quiere con esa misma ansiedad con que se quiere un jarro de agua fría después de caminar con la boca seca horas y más horas bajo los rayos del sol... Pero, francamente, necesito ante todo que usted me explique... No comprendo cómo el corresponsal de *El País* en tiempo de Madero, el que escribía furibundos artículos en *El Regional,* el que usaba con tanta prodigalidad del epíteto de bandidos para nosotros, milite en nuestras propias filas ahora.

—¡La verdad de la verdad, me han convencido! —repuso enfático Cervantes.

— ¿Convencido?...

Solís dejó escapar un suspiro; llenó los vasos y bebieron.

—¿Se ha cansado, pues, de la revolución? —preguntó Luis Cervantes esquivo.

— ¿Cansado?... Tengo veinticinco años y, usted lo ve, me sobra salud... ¿Desilusionado? Puede ser.

— Debe tener sus razones...

— "Yo pensé una florida pradera al remate de un camino... Y me encontré un pantano." Amigo mío: hay hechos y hay hombres que no son sino pura hiel... Y esa hiel va cayendo gota a gota en el alma, y todo lo amarga, todo lo envenena. Entusiasmo, esperanzas, ideales, alegrías..., ¡nada! Luego no le queda más: o se convierte usted en un bandido igual a ellos, o desaparece de la escena, escondiéndose tras las murallas de un egoísmo impenetrable y feroz.

A Luis Cervantes le torturaba la conversación; era para él un sacrificio oír frases tan fuera de lugar y tiempo. Para eximirse, pues, de tomar parte activa en ella, invitó a Solís a que menudamente refiriera los hechos que le habían conducido a tal estado de desencanto.

— ¿Hechos?... Insignificancias, naderías: gestos inadvertidos para los más; la vida instantánea de una línea que se contrae, de unos ojos que brillan, de unos labios que se pliegan; el significado fugaz de una fiase que se pierde. Pero hechos, gestos y expresiones que, agrupados en su lógica y natural expresión, constituyen e integran una mueca pavorosa y grotesca a la vez de una raza... ¡De una raza irredental... —Apuró un nuevo vaso de vino, hizo una larga pausa y prosiguió—: Me preguntará que por qué sigo entonces en la revolución. La revolución es el huracán, y el hombre que se entrega a ella no es ya el hombre, es la miserable hoja seca arrebatada por el vendaval...

Interrumpió a Solís la presencia de Demetrio Macías, que se acercó.

— Nos vamos, curro...

Alberto Solís, con fácil palabra y acento de sinceridad profunda, lo felicitó efusivamente por sus hechos de armas, por sus aventuras, que lo habían hecho famoso, siendo conocidas hasta por los mismos hombres de la poderosa División del Norte.

Y Demetrio, encantado, oía el relato de sus hazañas, compuestas y aderezadas de tal suerte, que él mismo no las conociera. Por lo demás, aquello tan bien sonaba a sus oídos, que acabó por contarlas más tarde en el mismo tono y aun por creer que así habíanse realizado.

— ¡Qué hombre tan simpático es el general Natera! —observó Luis Cervantes cuando regresaba al mesón—. En cambio, el capitancillo Solís... ¡qué latal...

Demetrio Macías, sin escucharlo, muy contento, le oprimió un brazo y le dijo en voz baja:

—Ya soy coronel de veras, curro... Y usted, mi secretario...

Los hombres de Macías también hicieron muchas amistades nuevas esa noche, y "por el gusto de habernos conocido", se bebió harto mezcal y aguardiente. Como no todo el mundo congenia y a veces el alcohol es mal consejero, naturalmente hubo sus diferencias; pero todo se arregló en buena forma y fuera de la cantina, de la fonda o del lupanar, sin molestar a los amigos.

A la mañana siguiente amanecieron algunos muertos: una vieja prostituta con un balazo en el ombligo y dos reclutas del coronel Macías con el cráneo agujereado. Anastasio Montañés le dio cuenta a su jefe, y éste, alzando los hombros, dijo:

— ¡Psch!... Pos que los entierren...

XIX

—Allí vienen ya los gorrudos —clamaron con azoro los vecinos de Fresnillo cuando supieron que el asalto de los revolucionarios a la plaza de Zacatecas había sido un fracaso.

Volvía la turba desenfrenada de hombres requema. dos, mugrientos y casi desnudos, cubierta la cabeza con sombreros de palma de alta copa cónica y de inmensa falda que les ocultaba medio rostro.

Les llamaban los gorrudos. Y los gorrudos regresaban tan alegremente como habían marchado días antes a los combates, saqueando cada pueblo, cada hacienda, cada ranchería y hasta el jacal más miserable que encontraban a su paso.

— ¿Quién me merca esta maquinaria? —pregonaba uno, enrojecido y fatigado de llevar la carga de su "avance".

Era una máquina de escribir nueva, que a todos atrajo con los deslumbrantes reflejos del niquelado.

La "Oliver", en una sola mañana, había tenido cinco propietarios, comenzando por valer diez pesos, depreciándose uno o dos a cada cambio de dueño. La verdad era que pesaba demasiado y nadie podía soportarla más de media hora.

— Doy peseta por ella —ofreció la Codorniz.

— Es tuya —respondió el dueño dándosela prontamente y con temores ostensibles de que aquél se arrepintiera.

La Codorniz, por veinticinco centavos, tuvo el gusto de tomarla en sus manos y de arrojarla luego contra las piedras, donde se rompió ruidosamente.

Fue como una señal: todos los que llevaban objetos pesados o molestos comenzaran a deshacerse de ellos, estrellándolos contra las rocas. Volaron los aparatos de cristal y porcelana; gruesos espejos, candelabros de latón, finas estatuillas, tibores y todo lo redundante del "avance" de la jornada quedó hecho añicos por el camino.

Demetrio, que no participaba de aquella alegría, ajena del todo al resultado de las operaciones militares, llamó aparte a Montañés y a Pancracio y les dijo:

—A éstos les falta nervio. No es tan trabajoso tomar una plaza. Miren, primero se abre uno así..., luego se va juntando, se va juntando..., hasta que ¡zas!... ¡Y ya!

Y, en un gesto amplio, abría sus brazos nervudos y fuertes; luego los aproximaba poco a poco, acompañando el gesto a la palabra, hasta estrecharlos contra su pecho.

Anastasio y Pancracio encontraban tan sencilla y tan clara la explicación, que contestaron convencidos:

— ¡Esa es la mera verdá!... ¡A éstos les falta ñervo!...

La gente de Demetrio se alojó en un corral.

—¿Se acuerda de Camila, compadre Anastasio? —exclamó suspirando Demetrio, tirado boca arriba en el estiércol, donde todos, acostados ya, bostezaban de sueño.

— ¿Quién es esa Camila, compadre?

— La que me hacía de comer allá en el ranchito... Anastasio hizo un gesto que quería decir: "Esas cosas de mujeres no me interesan a mí".

— No se me olvida —prosiguió Demetrio hablando y con el cigarro en la boca—. Iba yo muy retemalo. Acababa de beberme un jarro de agua azul muy fresquecita. "¿No quere más?", me preguntó la prietilla... Bueno, pos me quedé rendido del calenturón, y too fue estar viendo una jícara de agua azul y oír la vocecita: "¿No quere más?"... Pero una voz, compadre, que me sonaba en las orejas como organillo de plata... Pancracio, tú ¿qué dices? ¿Nos vamos al ranchito?

— Mire, compadre Demetrio, ¿a que no me lo cree? Yo tengo mucha experiencia en eso de las viejas... ¡Las mujeres!... Pa un rato... ¡Y mi' qué rato!... ¡Pa las lepras y rasguños con que me han marcao el pellejo! ¡Mal ajo pa ellas! Son el enemigo malo. De veras, compadre, ¿voy que no me lo cree?... Por eso verá que ni... Pero yo tengo mucha experiencia en eso.

— ¿Qué día vamos al ranchito, Pancracio? —insistió Demetrio, echando una bocanada de humo gris.

— Usté nomás dice... Ya sabe que allí dejé a mi amor...

—Tuyo... y no —pronunció la Codorniz amodorrado.

— Tuya... y mía también. Güeno es que seas compadecido y nos la vayas a trair de veras — rumoreó el Manteca.

— Hombre, sí, Pancracio; traite a la tuerta María Antonia, que por acá hace mucho frío —gritó a lo lejos el Meco.

Y muchos prorrumpieron en carcajadas, mientras el Manteca y Pancracio iniciaban su torneo de insolencias y obscenidades.

XX

—¡Que viene Villa!

La noticia se propagó con la velocidad del relámpago.

—¡Ah, Villa!... La palabra mágica. El gran hombre que se esboza; el guerrero invicto que ejerce a distancia ya su gran fascinación de boa.

— ¡Nuestro Napoleón mexicano! —exclama Luis Cervantes.

— Sí, "el Aguila azteca, que ha clavado su pico de acero sobre la cabeza de la víbora Victoriano Huerta"... Así dije en un discurso en Ciudad Juárez —habló en tono un tanto irónico Alberto Solís, el ayudante de Natera.

Los dos, sentados en el mostrador de una cantina, apuraban sendos vasos de cerveza.

Y los gorrudos de bufandas al cuello, de gruesos zapatones de vaqueta y encallecidas manos de vaquero, comiendo y bebiendo sin cesar, sólo hablaban de Villa y sus tropas.

Los de Natera hacían abrir tamaña boca de admiración a los de Macías.

¡Oh, Villa!... ¡Los combates de Ciudad Juárez, Tierra Blanca, Chihuahua, Torreón!

Pero los hechos vistos y vividos no valían nada. Había que oír la narración de sus proezas portentosas, donde, a renglón seguido de un acto de sorprendente magnanimidad, venía la hazaña más bestial. Villa es el indomable señor de la sierra, la eterna víctima de todos los gobiernos, que lo persiguen como una fiera; Villa es la reencarnación de la vieja leyenda: el bandido providencial, que pasa por el mundo con la antorcha luminosa de un ideal: ¡robar a los ricos para hacer ricos a los pobres! Ylos pobres le forjan una leyenda que el tiempo se encargará de embellecer para que viva de generación en generación.

— Pero sí sé decirle, amigo Montañés —dijo uno de los de Natera—, que si usted le cae bien a mi general Villa, le regala una hacienda; pero si le choca..., ¡nomás lo manda fusilar!...

¡Ah, las tropas de Villa! Puros hombres norteños, muy bien puestos, de sombrero tejano, traje de kaki nuevecito y calzado de los Estados Unidos de a cuatro dólares.

Y cuando esto decían los hombres de Natera, se miraban entre sí desconsolados, dándose cuenta cabal de sus sombrerazos de soyate podridos por el sol y la humedad y de las garras de calzones y camisas que medio cubrían sus cuerpos sucios y empiojados.

— Porque ahí no hay hambre... Traen sus carros apretados de bueyes, carneros, vacas. Furgones de ropa; trenes enteros de parque y armamento, y comestibles para que reviente el que quiera.

Luego se hablaba de los aeroplanos de Villa.

— ¡Ah, los airoplanos! Abajo, así de cerquita, no sabe usted qué son; parecen canoas, parecen chalupas; pero

que comienzan a subir, amigo, y es un ruidazo que lo aturde. Luego algo como un automóvil que va muy recio. Y haga usté de cuenta un pájaro grande, muy grande, que parece de repente que ni se bulle siquiera. Y aquí va lo mero bueno: adentro de ese pájaro, un gringo lleva miles de granadas. ¡Afigúrese lo que será eso! Llega la hora de pelear, y como quien les riega maíz a las gallinas, allí van puños y puños de plomo pa'l enemigo... Y aquello se vuelve un camposanto: muertos por aquí, muertos por allí, y ¡muertos por todas partes!

Y como Anastasio Montañés preguntara a su interlocutor si la gente de Natera había peleado ya junto con la de Villa, se vino a cuenta de que todo lo que con tanto entusiasmo estaban platicando sólo de oídas lo sabían, pues que nadie de ellos le había visto jamás la cara a Villa.

— ¡Hum..., pos se me hace que de hombre a hombre todos semos iguales!... Lo que es pa mí naiden es más hombre que otro. Lo que uno necesita es nomás tantita vergüenza. ¡Yo, qué soldado ni qué nada había de ser! Pero, oiga, al donde me mira tan desgarrao... ¿Voy que no me lo cree? Pero, de veras, yo no tengo necesidá...

— ¡Tengo mis diez yuntas de bueyes!... ¿A que no me lo cree? —dijo la Codorniz a espaldas de Anastasio, remedándolo y dando grandes risotadas.

XXI

El atronar de la fusilería aminoró y fue alejándose. Luis Cervantes se animó a sacar la cabeza de su escondrijo,

en medio de los escombros de unas fortificaciones, en lo más alto del cerro.

Apenas se daba cuenta de cómo había llegado hasta allí. No supo cuándo desaparecieron Demetrio y sus hombres de su lacto. Se encontró solo de pronto, y luego, arrebatado por una avalancha de infantería, lo derribaron de la montura, y cuando, todo pisoteado, se enderezó, uno de a caballo lo puso a grupas. Pero, a poco, caballo y montados dieron en tierra, y él sin saber de su fusil, ni del revólver, ni de nada, se encontró en medio de la blanca humareda y del silbar de los proyectiles. Y aquel hoyanco y aquellos pedazos de adobes amontonados se le habían ofrecido como abrigo segurísimo.

— ¡Compañero!...

— ¡Compañero!...

— Me tiró el caballo; se me echaron encima; me han creído muerto y me despojaron de mis armas... ¿Qué podía yo hacer? —explicó apenado Luis Cervantes.

— A mí nadie me tiró... Estoy aquí por precaución..., ¿sabe?...

El tono festivo de Alberto Solís ruborizó a Luis Cervantes.

— ¡Caramba! —exclamó aquél—. ¡Qué machito es su jefe! ¡Qué temeridad y qué serenidad! No sólo a mí, sino a muchos bien quemados nos dejó con tamaña boca abierta.

Luis Cervantes, confuso, no sabía qué decir.

— ¡Ah! ¿No estaba usted allí? ¡Bravo! ¡Buscó lugar seguro a muy buena horal... Mire, compañero; venga para explicarle. Vamos allí, detrás de aquel picacho. Note que de aquella laderita, al pie del cerro, no hay más vía accesible que lo que tenemos delante; a la derecha la vertiente está cortada a plomo y toda maniobra es imposible por ese lado; punto menos por la izquierda; el ascenso es tan peligroso, que dar un solo paso en falso es rodar y hacerse añicos por las vivas aristas de las rocas. Pues bien; una parte de la brigada Moya nos tendimos en la ladera, pecho a tierra, resueltos a avanzar sobre la primera trinchera de los federales. Los proyectiles pasaban zumbando sobre nuestras cabezas; el combate era ya general; hubo un momento en que dejaron de foguearnos. Nos supusimos que se les atacaba vigorosamente por la espalda. Entonces nosotros nos arrojamos sobre la trinchera. ¡Ah, compañero, fíjese!... De media ladera abajo es un verdadero tapiz de cadáveres. Las ametralladoras lo hicieron todo; nos barrieron materialmente; unos cuantos pudimos escapar. Los generales estaban lívidos y vacilaban en ordenar una nueva carga con el refuerzo inmediato que nos vino. Entonces fue cuando Demetrio Macías, sin esperar ni pedir órdenes a nadie, gritó:

—¡Arriba, muchachos!...

—¡Qué bárbaro! —clamé asombrado.

"Los jefes, sorprendidos, no chistaron. El caballo de Macías, cual si en vez de pesuñas hubiese tenido garras de águila, trepó sobre estos peñascos. '¡Arriba, arriba!', gritaron sus hombres, siguiendo tras él, como venados, sobre las rocas, hombres y bestias hechos uno. Sólo un muchacho perdió pisada y rodó al abismo; los demás aparecieron en brevísimos instantes en la cumbre, derribando trincheras y acuchillando soldados. Demetrio lazaba las ametralladoras, tirando de ellas cual si fuesen toros bravos. Aquello no podía durar. La desigual

dad numérica los habría aniquilado en menos tiempo del que gastaron en llegar allí. Pero nosotros nos aprovechamos del momentáneo desconcierto, y con rapidez vertiginosa nos echamos sobre las posiciones y los arrojamos de ellas con la mayor facilidad. ¡Ah, qué bonito soldado es su jefe!"

De lo alto del cerro se veía un costado de la Bufa, con su crestón, como testa empenachada de altivo rey azteca. La vertiente, de seiscientos metros, estaba cubierta de muertos, con los cabellos enmarañados, manchadas las ropas de tierra y de sangre, y en aquel hacinamiento de cadáveres calientes, mujeres haraposas iban y venían como famélicos coyotes esculcando y despojando.

En medio de la humareda blanca de la fusilería y los negros borbotones de los edificios incendiados, refulgían al claro sol casas de grandes puertas y múltiples ventanas, todas cerradas; calles en amontonamiento, sobrepuestas y revueltas en vericuetos pintorescos, trepando a los cerros circunvecinos. Y sobre el caserío risueño se alzaba una alquería de esbeltas columnas y las torres y cúpulas de las iglesias.

—¡Qué hermosa es la revolución, aun en su misma barbarie! —pronunció Solís conmovido. Luego, en voz baja y con vaga melancolía:

—Lástima que lo que falta no sea igual. Hay que esperar un poco. A que no haya combatientes, a que no se oigan más disparos que los de las turbas entregadas a las delicias del saqueo; a que resplandezca diáfana, como una gota de agua, la psicología de nuestra raza, condensada en dos palabras: ¡robar, matar!... ¡Qué chasco, amigo mío, si los que venimos a ofrecer todo nuestro entusiasmo, nuestra misma vida por derribar a un miserable asesino, resultásemos los obreros de un enorme pedestal donde pudieran levantarse cien o doscientos mil monstruos de la misma especie!... ¡Pueblo sin ideales, pueblo de tiranos!... ¡Lástima de sangre!

Muchos federales fugitivos subían huyendo de soldados de grandes sombreros de palma y anchos calzones blancos.

Pasó silbando una bala.

Alberto Solís, que, cruzados los brazas, permanecía absorto después de sus últimas palabras, tuvo un sobresalto repentino y dijo:

—Compañero, maldito lo que me simpatizan estos mosquitos zumbadores. ¿Quiere que nos alejemos un poco de aquí?

Fue la sonrisa de Luis Cervantes tan despectiva, que Solís, amoscado, se sentó tranquilamente en una peña.

Su sonrisa volvió a vagar siguiendo las espirales de humo de los rifles y la polvareda de cada casa derribada y cada techo que se hundía. Y creyó haber descubierto un símbolo de la revolución en aquellas nubes de humo y en aquellas nubes de polvo que fraternalmente ascendían, se abrazaban, se confundían y se borraban en la nada.

—¡Ah —clamó de pronto—, ahora sí!...

Y su mano tendida señaló la estación de los ferrocarriles. Los trenes resoplando furiosos, arrojando espesas columnas de humo, los carros colmados de gente que escapaba a todo vapor.

Sintió un golpecito seco en el vientre, y como si las piernas se le hubiesen vuelto de trapo, resbaló de la piedra. Luego le zumbaron los oídos... Después, oscuridad y silencio eternos...

SEGUNDA PARTE

I

Al champaña que ebulle en burbujas donde se descompone la luz de los candiles, Demetrio Macías prefiere el límpido tequila de jalisco.

Hombres manchados de tierra, de humo y de sudor, de barbas crespas y alborotadas cabelleras, cubiertos de andrajos mugrientos, se agrupan en torno de las mesas de un restaurante.

—Yo maté dos coroneles —clama con voz ríspida y gutural un sujeto pequeño y gordo, de sombrero galoneado, cotona de gamuza y mascada solferina al cuello—. ¡No podían correr de tan tripones: se tropezaban con las piedras, y para subir al cerro, se ponían como jitomates y echaban tamaña lengual... "No corran tanto, mochitos —les grité—; párense, no me gustan las gallinas asustadas... ¡Párense, pelones, que no les voy a hacer nacíal... ¡Están dados!" da!, ¡ja!, ¡ja'... La comieron los muy... ¡Paf, paf! ¡Uno para cada uno... y de veras descansaron!

—A mí se me jue uno de los meros copetones —habló un soldado de rostro renegrido, sentado en un ángulo del salón, entre el muro y el mostrador, con las piernas alargadas y el fusil entre ellas—. ¡Ah, cómo traiba oro el condenado! Nomás le hacían visos los galones en las charreteras y en la mantilla. ¿Yyo?... ¡El muy burro lo dejé pasar! Sacó el paño y me hizo la contraseña, y yo me quedé nomás abriendo la boca. ¡Pero apenas me dio campo de hacerme de la esquina, cuando aistá a bala y halal... Lo dejé que acabara un cargador... ¡Hora voy yo!... ¡Madre mía de pipa, que no le fierre a este jijo de... la mala palabra! ¡Nada, nomás dio el estampido!... ¡Traiba muy buen cuaco! Me pasó por los ojos como un relámpago... Otro prohe que venía por la misma calle me la pagó... ¡Qué maroma lo he hecho dar!

Se arrebatan las palabras de la boca, y mientras ellos refieren con mucho calor sus aventuras, mujeres de tez aceitunada, ojos blanquecinos y dientes de marfil, con revólveres a la cintura, cananas apretadas de tiros cruzados sobre el pecho, grandes sombreros de palma a la cabeza, van y vienen como perros callejeros entre los grupos.

Una muchacha de carrillos teñidos de carmín, de cuello y brazos muy trigueños y de burdísimo continente, da un salto y se pone sobre el mostrador de la cantina, cerca de la mesa de Demetrio.

Este vuelve la cara hacia ella y choca con unos ojos lascivos, bajo una frente pequeña y entre dos bandos de pelo hirsuto.

La puerta se abre de par en par y, boquiabiertos y deslumbrados, uno tras otro, penetran Anastasio Montañés, Pancracio, la Codorniz y el Meco.

Anastasio da un grito de sorpresa y se adelanta a saludar al charro pequeño y gordo, de sombrero galoneado y mascada solferina.

Son viejos amigos que ahora se reconocen. Yse abrazan tan fuerte que la cara se les pone negra.

—Compadre Demetrio, tengo el gusto de presentarle al güero Margarito... ¡Un amigo de veras!... ¡Ah, cómo quiero yo a este güero! Ya lo conocerá, compadre... ¡Es reteacahao!... ¿Te acuerdas, güero, de la penitenciaría de Escobedo, allá en jalisco?... ¡Un año juntos!

Demetrio, que permanecía silencioso y huraño en medio de la alharaca general, sin quitarse el puro de entre los labios rumoreó tendiéndole la mano:

—   Servidor...

—   ¿Usted se llama, pues, Demetrio Macías? —preguntó intempestivamente la muchacha que sobre el mostrador estaba meneando las piernas y tocaba con sus zapatos de vaqueta la espalda de

Demetrio.

— A la orden —le contestó éste, volviendo apenas la cara.

Ella, indiferente, siguió moviendo las piernas descubiertas, haciendo ostentación de sus medias azules.

— ¡Eh, Pintada!... ¿Tú por acá?... Anda, baja, ven a tomar una copa —le dijo el güero Margarito.

La muchacha aceptó en seguida la invitación y con mucho desparpajo se abrió lugar, sentándose enfrente de Demetrio.

— ¿Conque usté es el famoso Demetrio Macías que tanto se lució en Zacatecas? —preguntó la Pintada.

Demetrio inclinó la cabeza asintiendo, en tantoque el güero Margarito lanzaba una alegre carcajada y decía:

— ¡Diablo de Pintada tan listal... ¡Ya quieres estrenar general!...

Demetrio, sin comprender, levantó los ojos hacia ella; se miraron cara a cara como dos perros desconocidos que se olfatean con desconfianza. Demetrio no pudo sostener la mirada furiosamente provocativa de la muchacha y bajó los ojos.

Oficiales de Natera, desde sus sitios, comenzaron a bromear a la Pintada con dicharachos obscenos. Pero ella, sin inmutarse, dijo:

—Mi general Natera le va a dar a usté su aguilita... ¡Andele, chóquelal...

Y tendió su mano hacia Demetrio y lo estrechó con fuerza varonil.

Demetrio, envanecido por las felicitaciones que comenzaron a lloverle, mandó que sirvieran champaña.

—No, yo no quiero vino ahora, ando malo —dijo el güero Margarito al mesero—; tráeme sólo agua con hielo.

— Yo quiero cle cenar con tal de que no sea chile ni frijol, lo que jaiga —pidió Pancracio.

Siguieron entrando oficiales y poco a poco se llenó el restaurante. Menudearon las estrellas y las barras en sombreros de todas formas y matices; grandes pañuelos de seda al cuello, anillos de gruesos brillantes y pesadas leopoldinas de oro.

— Oye, mozo —gritó el güero Margarito—, te he pedido agua con hielo... Entiende que no te pido limosna... Mira este fajo de billetes: te compro a ti y... a la más vieja de tu casa, ¿entiendes?... No me importa saber si se acabó, ni por qué se acabó... Tú sabrás de dónde me la traes... ¡Mira que soy muy corajudo!... Te digo que no quiero explicaciones, sino agua con hielo... ¿Me la traes o no me la traes?... ¡Ah, no?... Pues toma...

El mesero cae al golpe cle una sonora bofetada.

— Así soy yo, mi general Macías; mire cómo ya no me queda pelo de barba en la cara. ¿Sabe por qué? Pues porque soy muy corajudo, y cuando no tengo en quen descansar, me arranco los pelos hasta que me baja el coraje. ¡Palabra de honor, mi general; si no lo hiciera así, me moriría del puro berrinche!

— Es muy malo eso de comerse uno solo sus corajes —afirma, muy serio, uno de sombrero de petate como cobertizo de jacal—. Yo, en Torreón, maté a una vieja que no quiso venderme un plato de enchiladas. Estaban de pleito. No cumplí mi antojo, pero siquiera descansé.

—Yo maté a un tendajonero en el Parral porque me metió en un cambio dos billetes de Huerta —dijo otro de estrellita, mostrando, en sus dedos negros y callosos, piedras de luces refulgentes.

— Yo, en Chihuahua, maté a un tío porque me lo topaba siempre en la mesma mesa y a la mesma hora, cuando yo iba a almorzar... ¡Me chocaba mucho!... ¡Qué queren ustedes!...

— ¡Hum!... Yo maté...

El tema es inagotable.

A la madrugada, cuando el restaurante está lleno de alegría y de escupitajos, cuando con las hembras norteñas cle caras oscuras y cenicientas se revuelven jovencitas pintarrajeadas de los suburbios de la ciudad, Demetrio saca su repetición de oro incrustado de piedras y pide la hora a Anastasio Montañés.

Anastasio ve la carátula, luego saca la cabeza por una ventanilla y, mirando al cielo estrellado, dice:

— Ya van muy colgadas las cabrillas, compadre; no dilata en amanecer.

Fuera del restaurante no cesan los gritos, las carcajadas y las canciones de los ebrios. Pasan soldados a caballo desbocado, azotando las aceras. Por todos los rumbos de la ciudad se oyen disparos de fusiles y pistolas.

Y por en medio de la calle caminan, rumbo al hotel, Demetrio y la Pintada, abrazados y dando tumbos.

II

—¡Qué brutos! —exclamó la Pintada riendo a carcajadas—. ¿Pos de dónde son ustedes? Si eso de que los soldados vayan a parar a los mesones es cosa que ya no se usa. ¿De dónde vienen? Llega uno a cualquier parte y no tiene más que escoger la casa que le cuadre y ésa agarra sin pedirle licencia a naiden. Entonces ¿pa quén jue la revolución? ¿Pa los catrines? Si ahora nosotros vamos a ser los meros catrines... A ver, Pancracio, presta acá tu marrazo... ¡Ricos... tales!... Todo lo han de guardar debajo de siete llaves.

Hundió la punta de acero en la hendidura de un cajón y, haciendo palanca con el mango rompió la chapa y levantó astillada la cubierta del escritorio.

Las manos de Anastasio Montañés, de Pancracio y de la Pintada se hundieron en el montón de cartas, estampas, fotografías y papeles desparramados por la alfombra.

Pancracio manifestó su enojo de no encontrar algo que le complaciera, lanzando al aire con la punta del guarache un retrato encuadrado, cuyo cristal se estrelló en el candelabro del centro.

Sacaron las manos vacías de entre los papeles, profiriendo insolencias.

Pero la Pintada, incansable, siguió descerrajando cajón por cajón, hasta no dejar hueco sin escudriñar.

No advirtieron el rodar silencioso de una pequeña caja forrada de terciopelo gris, que fue a parar a los pies de Luis Cervantes.

Este, que veía todo con aire de profunda indiferencia, mientras Demetrio, despatarrado sobre la alfombra, parecía dormir, atrajo con la punta del pie la cajita, se inclinó, rascóse un tobillo y con ligereza la levantó.

Se quedó deslumbrado: dos diamantes de aguas purísimas en una montadura de filigrana. Con prontitud la ocultó en el bolsillo.

Cuando Demetrio despertó, Luis Cervantes le dijo:

— Mi general, vea usted qué diabluras han hecho los muchachos. ¿No sería conveniente evitarles esto?

—No, curro... ¡Pobres!... Es el único gusto que les queda después de ponerle la barriga a las balas.

— Sí, mi general, pero siquiera que no lo hagan aquí... Mire usted, eso nos desprestigia, y lo que es peor, desprestigia nuestra causa...

Demetrio clavó sus ojos de aguilucho en Luis Cervantes. Se golpeó los dientes con las uñas de dos dedos y dijo:

— No se ponga colorado... ¡Mire, a mí no me cuente!... Ya sabemos que lo tuyo, tuyo, y lo mío, mío. A usted le tocó la cajita, bueno; a mí el reloj de repetición.

Y ya los dos en muy buena armonía, se mostraron sus "avances".

La Pintada y sus compañeros, entretanto, registraban el resto de la casa.

La Codorniz entró en la sala con una chiquilla de doce años, ya marcada con manchas cobrizas en la frente y en los brazos. Sorprendidos los dos, se mantuvieron atónitos, contemplando los montones de libros sobre la alfombra, mesas y sillas, los espejos descolgados con sus vidrios rotos, grandes marcos de estampas y retratos destrozados, muebles y hibelots hechos pedazos. Con ojos ávidos, la Codorniz buscaba su presa, suspendiendo la respiración.

Afuera, en un ángulo del patio y entre el humo sofocante, el Manteca cocía elotes, atizando las brasas con libros y papeles que alzaban vivas llamaradas.

— ¡Ah —gritó de pronto la Codorniz—, mira lo que me fallé!... ¡Qué sudaderos pa mi yegua!...

Y de un tirón arrancó una cortina de peluche, que se vino al suelo con todo y galería sobre el copete finamente tallado de un sillón.

— ¡Mira, tú... cuánta vieja encuerada! —clamó la chiquilla de la Codorniz, divertidísima con las láminas de un lujoso ejemplar de la *Divina Comedia*—. Esta me cuadra y me la llevo.

Y comenzó a arrancar los grabados que más llamaban su atención. Demetrio se incorporó y tomó asiento al lado de Luis Cervantes. Pidió cerveza, alargó una botella a su secretario, y de un solo trago apuró la suya. Luego, amodorrado, entrecerró los ojos y volvió a dormir.

— Oiga —habló un hombre a Pancracio en el zaguán—, ¿a qué hora se le puede hablar al general?

— No se le puede hablar a ninguna; amaneció crudo —respondió Pancracio—. ¿Qué quiere?

— Que me venda uno de esos libros que están quemando.

— Yo mesmo se los puedo vender.

— ¿A cómo los da?

Pancracio, perplejo, frunció las cejas:

— Pos los que tengan monitos, a cinco centavos, y los otros... se los doy de pilón si me merca todos.

El interesado volvió por los libros con una canasta pizcadora.

—¡Demetrio, hombre, Demetrio, despierta ya —gritó la Pintada—, ya no duermas como puerco gordo! ¡Mira quién está aquí!... ¡El güero Margarito! ¡No sabes tú todo lo que vale este güero!

—Yo lo aprecio a usted mucho, mi general Macías, y vengo a decirle que tengo mucha voluntad y me gustan mucho sus modales. Así es que, si no lo tiene a mal, yo me paso a su brigada.

— ¿Qué grado tiene? —inquirió Demetrio.

— Capitán primero, mi general.

—Véngase, pues... Aquí lo hago mayor.

El güero Margarito era un hombrecillo redondo, de bigotes retorcidos, ojos azules muy malignos que se le perdían entre los carrillos y la frente cuando se reía. Ex mesero del Delmónico de Chihuahua, ostentaba ahora tres barras de latón amarillo, insignias de su grado en la División del Norte.

El güero colmó de elogios a Demetrio y a sus hombres, y con esto bastó para que una caja de cervezas se vaciara en un santiamén.

La Pintada apareció de pronto en medio de la sala, luciendo un espléndido traje de seda de riquísimos encajes.

— ¡Nomás las medias se te olvidaron! —exclamó el güero Margarito desternillándose de risa.

La muchacha de la Codorniz prorrumpió también en carcajadas.

Pero a la Pintada nada se le dio; hizo una mueca de indiferencia, se tiró en la alfombra y con los propios pies hizo saltar las zapatillas de raso blanco, moviendo muy a gusto los dedos desnudos, entumecidos por la opresión del calzado, y dijo:

— ¡Epa, tú, Pancracio!... Anda a traerme unas medias azules de mis "avances".

La sala se iba llenando de nuevos amigos y viejos compañeros de campaña. Demetrio, animándose, comenzaba a referir menudamente algunos de sus más notables hechos de armas.

— Pero ¿qué ruido es ése? —preguntó sorprendido por el afinar de cuerdas y latones en el patio de la casa.

—Mi general —dijo solemnemente Luis Cervantes—, es un banquete que le ofrecemos sus viejos amigos y compañeros para celebrar el hecho de armas de Zacatecas y el merecido ascenso de usted a general.

III

—Le presento a usted, mi general Macías, a mi futura —pronunció enfático Luis Cervantes, haciendo entrar al comedor a una muchacha de rara belleza.

Todos se volvieron hacia ella, que abría sus grandes *ojos* azules con azoro.

Tendría apenas catorce años; su piel era fresca y suave como un pétalo de rosa; sus cabellos rubios, y la expresión de sus *ojos* con algo de maligna curiosidad y mucho de vago temor infantil.

Luis Cervantes reparó en que Demetrio clavaba su mirada de ave de rapiña en ella y se sintió satisfecho.

Se le abrió sitio entre el güero Margarito y Luis Cervantes, enfrente de Demetrio.

Entre los cristales, porcelanas y búcaros de flores, abundaban las botellas de tequila.

El Meco entró sudoroso y renegando, con una caja de cervezas a cuestas.

— Ustedes no conocen todavía a este güero —dijo la Pintada reparando en que él no quitaba los ojos de la novia de Luis Cervantes—. Tiene mucha sal, y en el mundo no he visto gente más acabada que él.

Le lanzó una mirada lúbrica y añadió:

— ¡Por eso no lo puedo ver ni pintado!

Rompió la orquesta una rumbosa marcha taurina. Los soldados bramaron de alegría.

— ¡Qué menudo, mi general!... Le juro que en mi vida he comido otro más bien guisado —dijo el güero Margarito, e hizo reminiscencias del Delmónico de Chihuahua.

—¿Le gusta de veras, güero? —repuso Demetrio—. Pos que le sirvan hasta que llene.

— Ese es mi mero gusto —confirmó Anastasio Montañés—, y eso es lo bonito; de que a mí me cuadra un guiso, como, como, hasta que lo eructo.

Siguió un ruido de bocazas y grandes tragantadas. Se bebió copiosamente.'''

Al final, Luis Cervantes tomó una copa de champaña y se puso de pie:

—Señor general...

—   ¡Hum! —interrumpió la Pintada—. Hora va de discurso, y eso es cosa que a mí me aburre mucho. Voy mejor al corral, al cabo ya no hay qué comer.

Luis Cervantes ofreció el escudo de paño negro con

una aguilita de latón amarillo, en un brindis que nadie entendió, pero que todos aplaudieron con estrépito.

Demetrio tomó en sus manos la insignia de su nuevo grado y, muy encendido, la mirada brillante, relucientes los clientes, dijo con mucha ingenuidad:

—   ¿Y qué voy a hacer ahora yo con este zopilote?

—Compadre —pronunció trémulo y en pie Anastasio Montañés—, yo no tengo que decirle...

Transcurrieron minutos enteros; las malditas palabras no querían acudir al llamado del compadre Anastasio. Su cara enrojecida perlaba el sudor en su frente, costrosa de mugre. Por fin se resolvió a terminar su brindis:

—Pos yo no tengo que decirle... sino que ya sabe que soy su compadre...

Y como todos habían aplaudido a Luis Cervantes, el propio Anastasio, al acabar, dio la señal, palmoteando con mucha gravedad.

Pero todo estuvo bien y su torpeza sirvió de estímulo. Brindaron el Manteca y la Codorniz.

Llegaba su turno al Meco, cuando se presentó la Pintada dando fuertes voces de júbilo. Chasqueando la lengua, pretendía meter al comedor una bellísima yegua de un negro azabache.

—   ¡Mi "avance"! ¡Mi "avance"! —clamaba palmoteando el cuello enarcado del soberbio animal.

La yegua se resistía a franquear la puerta; pero un tirón del cabestro y un latigazo en el anca la hicieron entrar con brío y estrépito.

Los soldados, embebecidos, contemplaban con mal reprimida envidia la rica presa.

—   ¡Yo no sé qué carga esta diabla de Pintada que siempre nos gana los mejores "avances"! —clamó el güero Margarito—. Así la verán desde que se nos juntó en Tierra Blanca.

—Epa, tú, Pancracio, anda a traerme un tercio de alfalfa pa mi yegua —ordenó secamente la Pintada. Luego tendió la soga a un soldado.

Una vez más llenaron los vasos y las copas. Algunos comenzaban a doblar el cuello y a entrecerrar los *ojos;* la mayoría gritaba jubilosa.

Y entre ellos la muchacha de Luis Cervantes, que había tirado todo el vino en un pañuelo, tornaba de una parte a la otra sus grandes *ojos* azules, llenos de azoro.

—Muchachos —gritó de pie el güero Margarito, dominando con su voz aguda y gutural el vocerío—, estoy cansado de vivir y me han dado ganas ahora de matarme. La Pintada ya me hartó... y este querubincito del cielo no arrienda siquiera a verme...

Luis Cervantes notó que las últimas palabras iban dirigidas a su novia, y con gran sorpresa vino a cuentas de que el pie que sentía entre los de la muchacha no era de Demetrio, sino del güero Margarito.

Y la indignación hirvió en su pecho.

—   ¡Fíjense, muchachos —prosiguió el güero con el revólver en lo alto—; me voy a pegar un tiro en la merita frente!

Y apuntó al gran espejo del fondo, donde se veía de cuerpo entero.

—   ¡No te buigas, Pintada!...

El espejo se estrelló en largos y puntiagudos fragmentos. La bala había pasado rozando los cabellos de la Pintada, que ni pestañeó siquiera.

IV

Al atardecer despertó Luis Cervantes, se restregó los *ojos* y se incorporó. Se encontraba en el suelo duro, entre los tiestos del huerto. Cerca de él respiraban ruidosamente, muy dormidos, Anastasio Montañés, Pancracio y la Codorniz.

Sintió los labios hinchados y la nariz dura y seca; se miró sangre en las manos y en la camisa, e instantáneamente hizo memoria de lo ocurrido. Pronto se puso de pie y se encaminó hacia una recámara; empujó la puerta rcpetidas veces, sin conseguir abrirla. Mantúvose indeciso algunos instantes.

Porque todo era cierto; estaba seguro de no haber soñado. De la mesa del comedor se había levantado con su compañera, la condujo a la recámara; pero antes de cerrar la puerta, Demetrio, tambaleándose de borracho, se precipitó tras ellos. Luego la Pintada siguió a Demetrio, y comenzaron a forcejear. Demetrio, con *los ojos* encendidos como una brasa y hebras cristalinas en los burdos labios, buscaba con avidez a la muchacha. La Pintada, a fuertes empellones, lo hacía retroceder.

—¡Pero tú qué!... ¿Tú qué?... —ululaba Demetrio irritado.

La Pintada metió la pierna entre las de él, hizo palanca y Demetrio *cayó* de largo, fuera del cuarto. Se levantó furioso.

—¡Auxilio!... ¡Auxilio!... ¡Que me matal...

La Pintada cogía vigorosamente la muñeca de Demetrio y desviaba el cañón de su pistola.

La hala se incrustó en los ladrillos. La Pintada seguía

berreando. Anastasio Montañés llegó detrás de Demetrio y lo desarmó.

Este, como toro a media plaza, volvió sus *ojos* extraviados. Le rodeaban Luis Cervantes, Anastasio, el Manteca y otros muchos.

—¡Infelices!... ¡Me han desarmado!... ¡Como si pa ustedes se necesitaran armas!

Y abriendo los brazos, en brevísimos instantes volteó de narices sobre el enladrillado al que alcanzó.

¿Y después? Luis Cervantes no recordaba más. Seguramente que allí se habían quedado bien aporreados y dormidos. Seguramente que su novia, por miedo a tanto bruto, había tomado la sabia providencia de encerrarse.

"Tal vez esa recámara comunique con la sala y por ella pueda entrar", pensó.

A sus pasos despertó la Pintada, que dormía cerca de Demetrio, sobre la alfombra y al pie de un confidente colmado de alfalfa y maíz donde la yegua negra cenaba.

—   ¿Qué busca? —preguntó la muchacha—. ¡Ah, sí; ya sé lo que quiere!... ¡Sinvergüenzal... Mire, encerré a su novia porque ya no podía aguantar a este condenado de Demetrio. Coja la llave, allí está sobre la mesa.

En vano Luis Cervantes buscó por todos los escondrijos de la casa.

—   A ver, curro, cuénteme cómo estuvo eso de esa muchacha.

Luis Cervantes, muy nervioso, seguía buscando la llave.

—No coma ansia, hombre, allá se la voy a dar. Pero cuénteme... A mí me divierten mucho estas cosas. Esa currita es igual a usté... No es pata rajada como nosotros.

—   No tengo qué contar... Es mi novia y ya.

—   da, ja, jal... ¡Su novia y... no! Mire, curro, adonde usté va yo ya vengo. Tengo el colmillo duro. A esa pobre la sacaron de su casa entre el Manteca y el Meco; eso ya lo sabía...; pero usté les ha de haber dado por ella... algunas mancuernillas chapeadas... alguna estampita milagrosa del Señor de la

Villita... ¿Miento, curro?... ¡Que los hay, los hay!... ¡El trabajo es dar con ellos!... ¿Verdad?

La Pintada se levantó a darle la llave; pero tampoco la encontró y se sorprendió mucho.

Estuvo largo rato pensativa.

De repente salió a toda carrera hacia la puerta de la recámara, aplicó un *ojo* a la cerradura y allí se mantuvo inmóvil hasta que su vista se hizo a la oscuridad del cuarto. De pronto, y sin quitar los *ojos*, murmuró:

—¡Ah, güero... jijo de un...! ¡Asómese nomás, curro!

Yse alejó, lanzando una sonora carcajada.

— ¡Si le digo que en mi vida he visto hombre más acabado que éste!

Otro día por la mañana, la Pintada espió el momento en que el güero salía de la recámara a darle de almorzar a su caballo.

— ¡Criatura de Dios! ¡Anda, vete a tu casa! ¡Estos hombres son capaces de matarte!... ¡Anda, corre!...

Y sobre la chiquilla de grandes *ojos* azules y semblante de virgen, que sólo vestía camisón y medias, echó la frazada piojosa del Manteca; la cogió de la mano y la puso en la calle.

— ¡Bendito sea Dios! —exclamó—. Ahora sí... ¡Cómo quiero yo a este güero!

V

Como los potros que relinchan y retozan a los primeros truenos de mayo, así van por la sierra los hombres de Demetrio.

—¡A Moyahua, muchachos!

— A la tierra de Demetrio Macías.

— ¡A la tierra de don Mónico el cacique!

El paisaje se aclara, el sol asoma en una faja escarlata sobre la diafanidad del cielo.

Vanse destacando las cordilleras como monstruos alagartados, de angulosa vertebradura; cerros que parecen testas de colosales ídolos aztecas, caras de gigantes, muecas pavorosas y grotescas, que ora hacen sonreír, ora dejan un vago terror, algo como presentimiento de misterio.

A la cabeza de la tropa va Demetrio Macías con su Estado Mayor: el coronel Anastasio Montañés, el teniente coronel Pancracio y los mayores Luis Cervantes y el güero Margarito.

Siguen en segunda fila la Pintada y Venancio, que la galantea con muchas finezas, recitándole poéticamente versos desesperados de Antonio Plaza.

Cuando los rayos del sol bordearon los pretiles del caserío, de cuatro en fondo y tocando los clarines, comenzaron a entrar a Moyahua.

Cantaban los gallos a ensordecer, ladraban con alarma los perros; pero la gente no dio señales de vida en parte alguna.

La Pintada azuzó su yegua negra y de un salto se puso codo a codo con Demetrio. Muy ufana, lucía vestido de seda y grandes arracadas de oro; el azul pálido del

talle acentuaba el tinte aceitunado de su rostro y las manchas cobrizas de la avería. Perniabierta, su falda se remangaba hasta la rodilla y se veían sus medias deslavadas y con muchos agujeros. Llevaba revólver al pecho y una cartuchera cruzada sobre la cabeza de la silla.

Demetrio también vestía de gala: sombrero galoneado, pantalón de gamuza con botonadura de plata y chamarra bordada de hilo de oro.

Comenzó a oírse el abrir forzado de las puertas. Los soldados, diseminados ya por el pueblo, recogían armas y monturas por todo el vecindario.

— Nosotros vamos a hacer la mañana a casa de don Mónico —pronunció con gravedad Demetrio, apeándose y tendiendo las riendas de su caballo a un soldado—. Vamos a almorzar con don Mónico... un amigo que me quiere mucho...

Su Estado Mayor sonríe con risa siniestra.

Y, arrastrando ruidosamente las espuelas por las banquetas, se encaminaron hacia un caserón pretencioso, que no podía ser sino albergue de cacique.

— Está cerrada a piedra y cal —dijo Anastasio Montañés empujando con toda su fuerza la puerta.

— Pero yo sé abrir —repuso Pancracio abocando prontamente su fusil al pestillo.

— No, no —dijo Demetrio—; toca primero.

Tres golpes con la culata del rifle, otros tres y nadie responde. Pancracio se insolenta y no se atiene a más órdenes. Dispara, salta la chapa y se abre la puerta.

Vense extremos de faldas, piernas de niños, todos en dispersión hacia el interior de la casa.

— ¡Quiero vino!... ¡Aquí, vino!... —pide Demetrio con voz imperiosa, dando fuertes golpes sobre la mesa.

—Siéntense, compañeros.

Una señora asoma, luego otra y otra, y entre las faldas negras aparecen cabezas de niños asustados. Una de las mujeres, temblando, se encamina hacia un aparador, sacando copas y botellas y sirve vino.

—¿Qué armas tienen? —inquiere Demetrio con aspereza.

— ¿Armas?... —contesta la señora, la lengua hecha trapo—. ¿Pero qué armas quieren ustedes que tengan unas señoras solas y decentes?

—¡Ah, solas!... ¿Y don Mónico?...

—No está aquí, señores... Nosotras sólo rentamos la casa... Al señor don Mónico nomás de nombre lo conocemos.

Demetrio manda que se practique un cateo.

— No, señores, por favor... Nosotras mismas vamos a traerles lo que tenemos; pero, por el amor de Dios, no nos falten al respeto. ¡Somos niñas solas y decentes!

—¿Y los chamacos? —inquiere Pancracio brutalmente—. ¿Nacieron de la tierra?

Las señoras desaparecen con precipitación y vuelven momentos después con una escopeta astillada, cubierta de polvo y de telarañas, y una pistola de muelles enmohecidas y descompuestas.

Demetrio se sonríe:

— Bueno, a ver el dinero...

—¿Dinero?... Pero ¿qué dinero quieren ustedes que tengan unas pobres niñas solas?

Yvuelven sus ojos suplicatorios hacia el más cercano de los soldados; pero luego los aprietan con horror: ¡han visto al sayón que está crucificando a Nuestro Señor

Jesucristo en el vía crucis de la parroquial... ¡Han visto a Pancracio!...

Demetrio ordena el cateo.

A un tiempo se precipitan otra vez las señoras, y al instante vuelven con una cartera apolillada, con unos cuantos billetes de los de la emisión de Huerta.

Demetrio sonríe, y ya sin más consideración, hace entrar a su gente.

Como perros hambrientos que han olfateado su presa, la turba penetra, atropellando a las señoras, que pretenden defender la entrada con sus propios cuerpos. Unas caen desvanecidas, otras huyen; los chicos dan gritos.

Pancracio se dispone a romper la cerradura de un gran ropero, cuando las puertas se abren y de dentro salta un hombre con un fusil en las manos.

—   ¡Don Mónico! —exclaman sorprendidos.

—   ¡Hombre, Demetrio!... ¡No me haga nadal... ¡No me perjudique!... ¡Soy su amigo, don Demetrio!...

Demetrio Macías se ríe socarronamente y le pregunta si a los amigos se les recibe con el fusil en las manos.

Don Mónico, confuso, aturdido, se echa a sus pies, le abraza las rodillas, le besa los pies:

—   ¡Mi mujer!... ¡Mis hijos!... ¡Amigo don Demetrio!...

Demetrio, con mano trémula, vuelve el revólver a la cintura.

Una silueta dolorida ha pasado por su memoria. Una mujer con su hijo en los brazos, atravesando por las rocas de la sierra a medianoche y a la luz de la luna... Una casa ardiendo...

¡Vámonos!... ¡Afuera todos! —clama sombríamente.

Su Estado Mayor obedece; don Mónico y las señoras le besan las manos y lloran de agradecimiento.

En la calle la turba está esperando alegre y dicharachera el permiso del general para saquear la casa del cacique.

—Yo sé muy bien dónde tienen escondido el dinero, pero no lo digo —pronuncia un muchacho con un cesto bajo el brazo.

—   ¡Hum, yo ya sé! —repone una vieja que lleva un costal de raspa para recoger "lo que Dios le quiera dar"—. Está en un altito; allí hay muchos triques y entre los triques una petaquilla con dibujos de concha... ¡Allí mero está lo güeno!...

—   No es cierto —dice un hombre—; no son tan tarugos para dejar así la plata. A mi modo de ver, la tienen enterrada en el pozo en un tanate de cuero.

Y el gentío se remueve, unos con sogas para hacer sus fardos, otros con hateas; las mujeres extienden sus delantales o el extremo de sus rebozos, calculando lo que les puede caber. Todos, dando las gracias a Su Divina Majestad, esperan su buena parte de saqueo.

Cuando Demetrio anuncia que no permitirá nada y ordena que todos se retiren, con gesto desconsolado la gente del pueblo lo obedece y se disemina luego; pero entre la soldadesca hay un sordo rumor de desaprobación y nadie se mueve de su sitio.

Demetrio, irritado, repite que se vayan.

Un mozalbete de los últimos reclutados, con algún aguardiente en la cabeza, se ríe y avanza sin zozobra hacia la puerta.

Pero antes de que pueda franquear el umbral, un disparo instantáneo lo hace caer como los toros heridos por la puntilla.

Demetrio, con la pistola humeante en las manos, inmutable, espera que los soldados se retiren.

—Que se le pegue fuego a la casa —ordenó a Luis Cervantes cuando llegan al cuartel.

Y Luis Cervantes, con rara solicitud, sin transmitir la orden, se encargó de ejecutarla personalmente.

Cuando dos horas después la plazuela se ennegrecía de humo y de la casa de don Mónico se alzaban enormes lenguas de fuego, nadie comprendió el extraño proceder del general.

VI

Se habían alojado en una casona sombría, propiedad del mismo cacique de Moyahua.

Sus predecesores en aquella finca habían dejado ya su rastro vigoroso en el patio, convertido en estercolero; en los muros, desconchados hasta mostrar grandes manchones de adobe crudo; en los pisos, demolidos por las pesuñas de las bestias; en el huerto, hecho un reguero de hojas marchitas y ramajes secos. Se tropezaba, desde el entrar, con pies de muebles, fondos y respaldos de sillas, todo sucio de tierra y bazofia.

A las diez de la noche, Luis Cervantes bostezó muy aburrido y dijo adiós al güero Margarito y a la Pintada, que bebían sin descanso en una banca de la plaza.

Se encaminó al cuartel. El único cuarto amueblado era la sala. Entró, y Demetrio, que estaba tendido en el suelo, los ojos claros y mirando al techo, dejó de contar las vigas y volvió la cara.

—¿Es usted, curro?... ¿Qué trae?... Ande, entre, siéntese.

Luis Cervantes fue primero a despabilar la vela, tiró luego de un sillón sin respaldo y cuyo asiento de mimbres había sido sustituido con un áspero cotense. Chirriaron las patas de la silla y la yegua prieta de la Pintada bufó, se removió en la sombra describiendo con su anca redonda y tersa una gallarda curva.

Luis Cervantes se hundió en el asiento y dijo:

—Mi general, vengo a darle cuenta de la comisión... Aquí tiene...

—¡Hombre, curro... si yo no quería eso!... Moyahua casi es mi tierra... ¡Dirán que por eso anda uno aquí!... —respondió Demetrio mirando el saco apretado de monedas que Luis le tendía.

Este dejó el asiento para venir a ponerse en cuclillas al lado de Demetrio. Tendió un sarape en el suelo y sobre él vació el talego de hidalgos relucientes como ascuas de oro.

—En primer lugar, mi general, esto lo sabemos sólo usted y yo... Y por otra parte, ya sabe que al buen sol hay que abrirle la ventana... Hoy nos está dando de cara; pero ¿mañana?... Hay que ver siempre adelante. Una bala, el reparo de un caballo, hasta un ridículo resfrío... ¡y una viuda y unos huérfanos en la miseria!... ¿El gobierno? ja, ja, ja!... Vaya usted con Carranza, con Villa o con cualquier otro de los jefes principales y hábleles de su familia... Si le responden con un puntapié... donde usted ya sabe, diga que le fue de perlas... Y hacen bien, mi general; nosotros no nos hemos levantado en armas para que un tal Carranza o un tal Villa lleguen a presidentes de la República; nosotros peleamos en defensa de los sagrados derechos del pueblo, pisoteados por el vil cacique... Y así como ni Villa, ni Carranza, ni ningún otro han de venir a pedir nuestro consentimiento para pagarse los servicios que le están prestando a la patria, tampoco nosotros tenemos necesidad de pedirle licencia a nadie.

Demetrio se medio incorporó, tomó una botella cerca de su cabecera, empinó y luego, hinchando los carrillos, lanzó una bocanada a lo lejos.

—¡Qué pico largo es usted, curro!

Luis sintió un vértigo. La cerveza regada parecía avivar la fermentación del basurero donde reposaban: un tapiz de cáscaras de naranjas y plátanos, carnosas cortezas de sandía, hebrosos núcleos de mangos y bagazos de caña, todo revuelto con hojas enchiladas de tamales y todo húmedo de deyecciones.

Los dedos callosos de Demetrio iban y venían sobre las brillantes monedas a cuenta y cuenta.

Repuesto ya, Luis Cervantes sacó un botecito de fosfatina Falliéres y volcó dijes, anillos, pendientes y otras muchas alhajas de valor.

—Mire, mi general; si, como parece, esta bola va a seguir, si la revolución no se acaba, nosotros tenemos ya lo suficiente para irnos a brillarla una temporada fuera del país —Demetrio meneó la cabeza negativamente—. ¿No haría usted eso?... Pues ¿a qué nos quedaríamos ya?... ¿Qué causa defenderíamos ahora?

— Eso es cosa que yo no puedo explicar, curro; pero siento que no es cosa de hombres...

— Escoja, mi general —dijo Luis Cervantes mostrando las joyas puestas en fila.

— Déjelo todo para usted... De veras, curro... ¡Si

viera que no le tengo amor al dinero!... ¿Quiere que le diga la verdad? Pues yo, con que no me falte el trago y con traer una chamaquita que me cuadre, soy el hombre más feliz del mundo.

—ja, ja, ja!... ¡Qué mi general!... Bueno, ¿y por qué se aguanta a esa sierpe de la Pintada?

—Hombre, curro, me tiene harto; pero así soy. No me animo a decírselo... No tengo valor para despacharla a... Yo soy así, ése es mi genio. Mire, de que me cuadra una mujer, soy tan boca de palo, que si ella no comienza..., yo no me animo a nada —y suspiró—. Ahí está Camila, la del ranchito... La muchacha es fea; pero si viera cómo me llena el ojo...

—El día que usted quiera, nos la vamos a traer, mi general.

Demetrio guiñó los ojos con malicia.

— Le juro que se la hago buena, mi general...

— ¿De veras, curro?... Mire, si me hace esa valedura, pa usté es el reló con todo y leopoldina de oro, ya que le cuadra tanto.

Los ojos de Luis Cervantes resplandecieron. Tomó el bote de fosfatina, ya bien lleno, se puso en pie y, sonriendo, dijo:

—Hasta mañana, mi general... Que pase buena noche.

VII

—¿Yo qué sé? Lo mismo que ustedes saben. Me dijo el general: "Codorniz, ensilla tu caballo y mi yegua mora. Vas con el curro a una comisión". Bueno, así fue: salimos de aquí a mediodía y, ya anocheciendo, llegamos

al ranchito. Nos dio posada la tuerta María Antonia... Que cómo estás tanto, Pancracio... En la madrugada me despertó el curro: "Codorniz, Codorniz, ensilla las bestias. Me dejas mi caballo y te vuelves con la yegua del general otra vez para Moyahua. Dentro de un rato te alcanzo". Yya estaba el sol alto cuando llegó con Camila en la silla. La apeó y la montamos en la yegua mora.

— Bueno, y ella, ¿qué cara venía poniendo? —preguntó uno.

—¡Hum, pos no le paraba la boca de tan contenta...

— ¿Y el curro?

— Callado como siempre; igual a como es él.

—Yo creo —opinó con mucha gravedad Venancioque si Camila amaneció en la cama de Demetrio, sólo fue por una equivocación. Bebimos mucho... ¡Acuérdense!... Se nos subieron los espíritus alcohólicos a la cabeza y todos perdimos el sentido.

— ¡Qué espíritus alcohólicos ni qué!... Fue cosa convenida entre el curro y el general.

—¡Claro! Pa mí el tal curro no es más que un...

— A mí no me gusta hablar de los amigos en ausencia —dijo el güero Margarito—; pero sí sé decirles que de dos novias que le he conocido, una ha sido para... mí y la otra para el general...

Y prorrumpieron en carcajadas.

Luego que la Pintada se dio cuenta cabal de lo sucedido, fue muy cariñosa a consolar a Camila.

— ¡Pobrecita de ti, platícame cómo estuvo eso! Camila tenía los ojos hinchados de llorar.

— ¡Me mintió, me mintió!... Fue al rancho y me dijo: "Camila, vengo nomás por ti. ¿Te sales conmigo?"

¡Hum, dígame si yo no tendría ganas de salirme con él! De quererlo, lo quiero y lo reguero... ¡Míreme tan encanijada sólo por estar pensando en él! Amanece y ni ganas del metate... Me llama mi mama al almuerzo, y la gorda se me hace trapo en la boca... ¡Y aquella pinción!... ¡Y aquella pinción!...

Y comenzó a llorar otra vez, y para que no se oyeran sus sollozos se tapaba la boca y la nariz con un extremo del rebozo.

— Mira, yo te voy a sacar de esta apuración. No seas tonta, ya no llores. Ya no pienses en el curro... ¿Sabes lo que es ese curro?... ¡Palabra!... ¡Te digo que nomás para eso lo trae el general!... ¡Qué tontal... Bueno, ¿quieres volver a tu casa?

— ¡La Virgen de Jalpa me ampare!... ¡Me mataría mi mama a palos!

—No te hace nada. Vamos haciendo una cosa. La tropa tiene que salir de un momento a otro; cuando Demetrio te diga que te prevengas para irnos, tú le respondes que tienes muchas dolencias de cuerpo, y que estás como si te hubieran dado de palos, y te estiras y bostezas muy seguido. Luego te tientas la frente y dices: "Estoy ardiendo en calentura". Entonces yo le digo a Demetrio que nos deje a las dos, que yo me quedo a curarte y que luego que estés buena nos vamos a alcanzarlo. Y lo que hacemos es que yo te pongo en tu casa buena y sana.

VIII

Ya el sol se había puesto y el caserío se envolvía en la tristeza gris de sus calles viejas y en el silencio de terror de sus moradores, recogidos a muy buena hora, cuando

Luis Cervantes llegó a la tienda de Primitivo López a interrumpir una juerga que prometía grandes sucesos. Demetrio se emborrachaba allí con sus viejos camaradas. El mostrador no podía contener más gente. Demetrio, la Pintada y el güero Margarito habían dejado afuera sus caballos; pero los demás oficiales se habían metido brutalmente con todo y cabalgaduras. Los sombreros galoneados de cóncavas y colosales faldas se encontraban en vaivén constante; caracoleaban las ancas de las bestias, que sin cesar removían sus finas cabezas de ojazos negros, narices palpitantes y orejas pequeñas. Yen la infernal alharaca de los borrachos se oía el resoplar de los caballos, su rudo golpe de pesuñas en el pavimento y, de vez en vez, un relincho breve y nervioso.

Cuando Luis Cervantes llegó, se comentaba un suceso banal. Un paisano, con un agujerito negruzco y sanguinolento en la frente, estaba tendido boca arriba en medio de la carretera. Las opiniones, divididas al principio, ahora se unificaban bajo una justísima reflexión del güero Margarito. Aquel pobre diablo que yacía bien muerto era el sacristán de la iglesia. Pero, ¡tonto!... la culpa había sido suya... ¿Pues a quién se le ocurre, señor, vestir pantalón, chaqueta y gorrita? ¡Pancracio no puede ver un catrín enfrente de él!

Ocho músicos "de viento", las caras rojas y redondas como soles, desorbitados los ojos, echando los bofes por los latones desde la madrugada, suspenden su faena al mandato de Cervantes.

—Mi general —dijo éste abriéndose paso entre los montados—, acaba de llegar un propio de urgencia. Le ordenan a usted que salga inmediatamente a perseguir a los orozquistas.

Los semblantes, ensombrecidos un momento, brillaron de alegría.

—¡A Jalisco, muchachos! —gritó el güero Margarito dando un golpe seco sobre el mostrador.

— ¡Aprevénganse, tapatías de mi alma, que allá voy! —gritó la Codorniz arriscándose el sombrero.

Todo fue regocijo y entusiasmo. Los amigos de Demetrio, en la excitación de la borrachera, le ofrecieron incorporarse a sus filas. Demetrio no podía hablar de gusto. "¡Ah, ir a batir a los orozquistas!... ¡Habérselas al fin con hombres de veras!... ¡Dejar de matar federales como se matan liebres o guajolotes!"

— Si yo pudiera coger vivo a Pascual Orozco —dijo el güero Margarito—, le arrancaba la planta de los pies y lo hacía caminar veinticuatro horas por la sierra...

— ¿Qué, ése fue el que mató al señor Madero? —preguntó el Meco.

— No —repuso el güero con solemnidad—; pero a mí me dio una cachetada cuando fui mesero del Delmónico en Chihuahua.

— Para Camila, la yegua mora —ordenó Demetrio a Pancracio, que estaba ya ensillando.

— Camila no se puede ir —dijo la Pintada con prontitud.

— ¿Quién te pide a ti tu parecer? —repuso Demetrio con aspereza.

—¿Verdá, Camila, que amaneciste con mucha dolencia de cuerpo y te sientes acalenturada ahora?

— Pos yo..., pos yo..., lo que diga don Demetrio...

—¡Ah, qué guaje!... Di que no, di que no... —pronunció a su oído la Pintada con gran inquietud.

— Pos es que ya le voy cobrando voluntá..., ¿lo cree?... —contestó Camila también muy quedo.

La Pintada se puso negra y se le inflamaron los carrillos; pero no dijo nada y se alejó a montar la yegua que le estaba ensillando el güero Margarito.

IX

El torbellino del polvo, prolongado a buen trecho a lo largo de la carretera, rompíase bruscamente en masas difusas y violentas, y se destacaban pechos hinchados, crines revueltas, narices trémulas, ojos ovoides, impetuosos, patas abiertas y como encogidas al impulso de la carrera. Los hombres, de rostro de bronce y dientes de marfil, ojos flameantes, blandían los rifles o los cruzaban sobre las cabezas de las monturas.

Cerrando la retaguardia, y al paso, venían Demetrio y Camila; ella trémula aún, con los labios blancos y secos; él, malhumorado por lo insulso de la hazaña. Ni tales orozquistas, ni tal combate. Unos cuantos federales dispersos, un pobre diablo de cura con un centenar de ilusos, todos reunidos bajo la vetusta bandera de "Religión y Fueros". El cura se quedaba allí bamboleándose, pendiente de un mezquite, y en el campo, un reguero de muertos que ostentaban en el pecho un escudito de bayeta roja y un letrero: "¡Detente! ¡El Sagrado Corazón de Jesús está conmigo!"

— La verdá es que yo ya me pagué hasta de más mis sueldos atrasados —dijo la Codorniz mostrando los relojes y anillos de oro que se había extraído de la casa cural.

—Así siquiera pelea uno con gusto —exclamó el Manteca entreverando insolencias entre cada frase—. ¡Ya sabe uno por qué arriesga el cuero!

Y cogía fuertemente con la misma mano que empuñaba las riendas un reluciente resplandor que le había arrancado al Divino Preso de la iglesia.

Cuando la Codorniz, muy perito en la materia, examinó codiciosamente el "avance" del Manteca, lanzó una carcajada solemne:

— ¡Tu resplandor es de hoja de latal...

— ¿Por qué vienes cargando con esa roña? —preguntó Pancracio al güero Margarito, que llegaba de los últimos con un prisionero.

— ¿Saben por qué? Porque nunca he visto bien a bien la cara que pone un prójimo cuando se le aprieta una reata en el pescuezo.

El prisionero, muy gordo, respiraba fatigado; su rostro estaba encendido, sus ojos inyectados y su frente goteaba. Lo traían atado de las muñecas y a pie.

— Anastasio, préstame tu reata; mi cabestro se revienta con este gallo... Pero, ahora que lo pienso mejor, no... Amigo federal, te voy a matar de una vez; vienes penando mucho. Mira, los mezquites están muy lejos todavía y por aquí no hay telégrafo siquiera para colgarte de algún poste.

Y el güero Margarito sacó su pistola, puso el cañón sobre la tetilla izquierda del prisionero y paulatinamente echó el gatillo atrás.

El federal palideció como cadáver, su cara se afiló y sus ojos vidriosos se quebraron. Su pecho palpitaba tumultuosamente y todo su cuerpo se sacudía como por un gran calosfrío.

— El güero Margarito mantuvo así su pistola durante segundos eternos. Y sus ojos brillaron de un modo extraño, y su cara regordeta, de inflados carrillos, se encendía en una sensación de suprema voluptuosidad.

— ¡No, amigo federal! —dijo lentamente retirando el arma y volviéndola a su funda—, no te quiero matar todavía... Vas a seguir cono mi asistente... ¡Ya verás si soy hombre de mal corazón!

— Y guiñó malignamente sus ojos a sus inmediatos.

— El prisionero había embrutecido; sólo hacía movimientos de deglución; su boca y su garganta estaban secas.

— Camila, que se había quedado atrás, picó el ijar de su yegua y alcanzó a Demetrio:

— ¡Ah, qué malo es el hombre ese Margarito!... ¡Si viera lo que viene haciendo con un preso!

— Y refirió lo que acababa de presenciar.

— Demetrio contrajo las cejas, pero nada contestó. La Pintada llamó a Camila a distancia.

— —Oye, tú, ¿qué chismes le trais a Demetrio?... El güero Margarito es mi mero amor... ¡Pa que te lo sepas!... Yya sabes... Lo que haiga con él, hay conmigo. ¡Ya te lo aviso!...

— Y Camila, muy asustada, fue a reunirse con Demetrio.

X

La tropa acampó en una planicie, cerca de tres casitas alineadas que, solitarias, recortaban sus blancos muros sobre la faja púrpura del horizonte. Demetrio y Camila fueron hacia ellas.

Dentro del corral, un hombre en camisa y calzón blanco, de pie, chupaba con avidez un gran cigarro de hoja; cerca de él, sentado sobre una losa, otro desgranaba maíz, frotando mazorcas entre sus dos manos, mientras que una de sus piernas, seca y retorcida, remataba en algo como pezuña de chivo, se sacudía a cada instante para espantar a las gallinas.

—Date priesa, Pifanio —dijo el que estaba parado—; ya se metió el sol y todavía no bajas al agua a las bestias.

Un caballo relinchó fuera y los dos hombres alzaron la cabeza azorados.

Demetrio y Camila asomaban tras la barda del corral.

— Nomás quiero alojamiento para mí y para mi mujer —les dijo Demetrio tranquilizándolos.

Y como les explicara que él era el jefe de un cuerpo de ejército que iba a pernoctar en las cercanías, el hombre que estaba en pie, y que era el amo, con mucha solicitud los hizo entrar. Y corrió por un apaste de agua y una escoba, pronto a barrer y regar el mejor rincón de la troje para alojar decentemente a tan honorables huéspedes.

—Anda, Pifanio; desensilla los caballos de los señores.

El hombre que desgranaba se puso trabajosamente en pie. Vestía unas garras de camisa y chaleco, una piltrafa de pantalón, abierto en dos alas, cuyos extremos, levantados, pendían de la cintura.

Anduvo, y su paso marcó un compás grotesco. —Pero ¿puedes tú trabajar, amigo? —le preguntó Demetrio sin dejarlo quitar las monturas.

— ¡Pobre —gritó el amo desde el interior de la troje—, le falta la fuerzal... ¡Pero viera qué bien desquita

el salario!... ¡Trabaja dende que Dios amanece!... ¡Qué ha que se metió el sol..., y mírelo, no para todavía!

Demetrio salió con Camila a dar una vuelta por el campamento. La planicie, de dorados barbechos, rapada hasta de arbustos, se dilataba inmensa en su desolación. Parecían un verdadero milagro los tres grandes fresnos enfrente de las casitas, sus cimas verdinegras, redondas y ondulosas, su follaje rico, que descendía hasta besar el suelo.

— ¡Yo no sé qué siento por acá que me da tanta tristeza! —dijo Demetrio.

— Sí —contestó Camila—; lo mismo a mí.

A orillas de un arroyuelo, Pifanio estaba tirando rudamente de la soga de un bimbalete. Una olla enorme se volcaba sobre un montón de hierba fresca, y a las postreras luces de la tarde cintilaba el chorro de cristal desparramándose en la pila. Allí bebían ruidosamente una vaca flaca, un caballo matado y un burro.

Demetrio reconoció al peón cojitranco y le preguntó:

—¿Cuánto ganas diario, amigo?

—Diez y seis centavos, patrón...

Era un hombrecillo rubio, escrofuloso, de pelo lacio y ojos zarcos. Echó pestes del patrón, del rancho y de la perra suerte.

— Desquitas bien el sueldo, hijo —le interrumpió Demetrio con mansedumbre—. A reniega y reniega, pero a trabaja y trabaja.

Y volviéndose a Camila.

— Siempre hay otros más pencos que nosotros los de la sierra, ¿verdad?

—Sí —contestó Camila.

Y siguieron caminando.

El valle se perdió en la sombra y las estrellas se escondieron.

Demetrio estrechó a Camila amorosamente por la cintura, y quién sabe qué palabras susurró a su oído. —Sí —contestó ella débilmente.

Porque ya le iba cobrando "voluntá".

Demetrio durmió mal, y muy temprano se echó fuera de la casa.

"A mí me va a suceder algo", pensó.

Era un amanecer silencioso y de discreta alegría. Un tordo piaba tímidamente en el fresno; los animales removían las basuras del rastrojo en el corral; gruñía el cerdo su somnolencia. Asomó el tinte anaranjado del sol, y la última estrellita se apagó.

Demetrio, paso a paso, iba al campamento.

Pensaba en su yunta: dos bueyes prietos, nuevecitos, de dos años de trabajo apenas, en sus dos fanegas de labor bien abonadas. La fisonomía de su joven esposa se reprodujo fielmente en su memoria: aquellas líneas dulces y de infinita mansedumbre para el marido, de indomables energías y altivez para el extraño. Pero cuando pretendió reconstruir la imagen de su hijo, fueron vanos todos sus esfuerzos; lo había olvidado.

Llegó al campamento. Tendidos entre los surcos, dormían los soldados, y revueltos con ellos, los caballos echados, caída la cabeza y cerrados los ojos.

—Están muy estragadas las remudas, compadre Anastasio; es bueno que nos quedemos a descansar un día siquiera.

—¡Ay, compadre Demetrio!... ¡Qué ganas ya de la sierra! Si viera..., ¿a que no me lo cree?... pero naditita que me jallo por acá... ¡Una tristeza y una murrial... ¡Quién sabe qué le hará a uno faltal...

— ¿Cuántas horas se hacen de aquí a Limón?

— No es cosa de horas: son tres jornadas muy bien hechas, compadre Demetrio.

—¡Si vieral... ¡Tengo ganas de ver a mi mujer!

No tardó mucho la Pintada en ir a buscar a Camila:

— ¡Újule, újule!... Sólo por eso que ya Demetrio te va a largar. A mí, a mí mero me lo dijo... Va a traer a su mujer de veras... Yes muy bonita, muy blanca... ¡Unos chapetes!... Pero si tú no te queres ir, pue que hasta te ocupen: tienen una criatura y tú la puedes cargar...

Cuando Demetrio regresó, Camila, llorando, se lo dijo todo.

— No le hagas caso a esa loca... Son mentiras, son mentiras...

Y como Demetrio no fue a Limón ni se volvió a acordar de su mujer, Camila estuvo muy contenta y la Pintada se volvió un alacrán.

XI

Antes de la madrugada salieron rumbo a Tepatitlán. Diseminados por el camino real y por los barbechos, sus siluetas ondulaban vagamente al paso monótono y acompasado de las caballerías, esfumándose en el tono perla de la luna en menguante, que bañaba todo el valle.

Se oía lejanísimo ladrar de perros.

— Hoy a mediodía llegamos a Tepatitlán, mañana a Cuquío, y luego..., a la sierra —dijo Demetrio.

—¿No sería bueno, mi general —observó a su oído Luis Cervantes—, llegar primero a Aguascalientes?

— ¿Qué vamos a hacer allá?

—Se nos están agotando los fondos...

— ¡Cómo!... ¿Cuarenta mil pesos en ocho días?

— Sólo en esta semana hemos reclutado cerca de

quinientos hombres, y en anticipos y gratificaciones se

nos ha ido todo —repuso muy bajo Luis Cervantes.

— No; vamos derecho a la sierra... Ya veremos... —¡Sí, a la sierra! —clamaron muchos.

— ¡A la sierral... ¡A la sierral... No hay como la sierra.

La planicie seguía oprimiendo sus pechos; hablaron de la sierra con entusiasmo y delirio, y pensaron en ella como en la deseada amante a quien se ha dejado de ver por mucho tiempo.

Clareó el día. Después, una polvareda de tierra roja se levantó hacia el oriente, en una inmensa cortina de púrpura incendiada.

Luis Cervantes templó la brida de su caballo y esperó a la Codorniz.

— ¿En qué quedamos, pues, Codorniz?

— Ya le dije, curro: doscientos por el puro reló...

— No, yo te compro a bulto: relojes, anillos y todas las alhajitas. ¿Cuánto?

La Codorniz vaciló, se puso descolorido; luego dijo con ímpetu:

—Deque dos mil papeles por todo.

Pero Luis Cervantes se dejó traicionar; sus ojos brillaron con tan manifiesta codicia, que la Codorniz volvió sobre sus pasos y exclamó pronto:

— No, mentiras, no vendo nada... El puro reló, y eso porque ya debo los doscientos pesos a Pancracio, que anoche me ganó otra vez.

Luis Cervantes sacó cuatro flamantes billetes de "dos caritas" y los puso en manos de la Codorniz.

— De veras —le dijo—, me intereso al lotecito... Nadie te dará más de lo que yo te dé.

Cuando comenzó a sentirse el sol, el Manteca gritó de pronto:

— Güero Margarito, ya tu asistente quiere pelar gallo. Dice que ya no puede andar.

El prisionero se había dejado caer, exhausto, en medio del camino.

— ¡Calla! —clamó el güero Margarito retrocediendo—. ¿Conque ya te cansaste, simpático? ¡Pobrecito de ti! Voy a comprar un nicho de cristal para guardarte en una rinconera de mi casa, como Niño Dios. Pero es necesario llegar primero al pueblo, y para esto te voy a ayudar.

Y sacó el sable y descargó sobre el infeliz repetidos golpes.

— A ver la reata, Pancracio —dijo luego, brillantes y extraños los *ojos*.

Pero como la Codorniz le hiciera notar que ya el federal no movía ni pie ni mano, dio una gran carcajada y dijo:

— ¡Qué bruto soy!... ¡Ahora que lo tenía enseñado a no comer!...

—Ahora sí, ya llegamos a Guadalajara chiquita —dijo Venancio descubriendo el caserío risueño de Tepatitlán, suavemente recostado en una colina.

Entraron regocijados; a las ventanas asomaban rostros sonrosados y bellos *ojos* negros.

Las escuelas quedaron convertidas en cuarteles. Demetrio se alojó en la sacristía de una capilla abandonada.

Después los soldados se desperdigaron, como siempre, en busca de "avances", so pretexto de recoger armas y caballos.

Por la tarde, algunos de los de la escolta de Demetrio estaban tumbados en el atrio de la iglesia rascándose la barriga. Venancio, con mucha gravedad, pecho y espaldas desnudos, espulgaba su camisa.

Un hombre se acercó a la barda, pidiendo la venia de hablar al jefe.

Los soldados levantaron la cabeza, pero ninguno le respondió.

— Soy viudo, señores; tengo nueve criaturas y no vivo más que de mi trabajo... ¡No sean ingratos con los pobres!...

—Por mujer no te apures, tío —dijo el Meco, que con un cabo de vela se embadurnaba los pies—; al traimos a la Pintada, y te la pasamos al costo.

El hombre sonrió amargamente.

—Nomás que tiene una maña —observó Pancracio, boca arriba y mirando el azul del cielo—: apenas mira un hombre, y luego luego se prepara.

Rieron a carcajadas; pero Venancio, muy grave, indicó la puerta de la sacristía al paisano.

Este, tímidamente, entró y expuso a Demetrio su queja. Los soldados acababan de "limpiarlo". Ni un grano de maíz le habían dejado.

—   Pos pa qué se dejan —le respondió Demetrio con indolencia.

Luego el hombre insistió con lamentos y lloriqueos, y Luis Cervantes se dispuso a echarlo fuera insolentemente. Pero Camila intervino:

—   ¡Ande, don Demetrio, no sea usté también mal alma; déle una orden pa que le devuelvan su maíz!...

Luis Cervantes tuvo que obedecer; escribió unos renglones, y Demetrio, al calce, puso un garabato.

—   ¡Dios se lo pague, niñal... Dios se lo ha de dar de su santísima gloria... Diez fanegas de maíz, apenas pa comer este año —clamó el hombre, llorando de agradecimiento. Y tomó el papel y a todos les besó las manos.

Iban llegando ya a Cuquío, cuando Anastasio Montañés se acercó a Demetrio y le dijo:

—Ande, compadre, ni le he contado... ¡Qué travieso es de veras el güero Margarito! ¿Sabe lo que hizo ayer con ese hombre que vino a darle la queja de que le habíamos sacado su maíz para nuestros caballos? Bueno, pos con la orden que usté le dio fue al cuartel. "Sí, amigo, le dijo el güero; entra para acá; es muy justo devolverte lo tuyo. Entra, entra... ¿Cuántas fanegas te robamos?... ¿Diez? ¿Pero estás seguro de que no son más que diez?... Sí, eso es; como quince, poco más o menos... ¿No serían veinte?... Acuérdate bien... Eres muy pobre, tienes muchos hijos que mantener. Sí, es lo que digo, como veinte; ésas deben haber sido... Pasa por acá; no te voy a dar quince, ni veinte. Tú nomás vas contando... Una, dos, tres... Y luego que ya no quieras, me dices: ya." Y saca el sable y le ha dado una cintareada que lo hizo pedir misericordia.

La Pintada se caía de risa.

Y Camila, sin poderse contener, dijo:

—¡Viejo condenado, tan mala entraña... ¡Con razón no lo puedo ver!

Instantáneamente se demudó el rostro de la Pintada. —¿Y a ti te da tos por eso?

Camila tuvo miedo y adelantó su yegua.

La Pintada disparó la suya y rapidísima, al pasar atropellando a Camila, la cogió de la cabeza y le deshizo la trenza.

Al empellón, la yegua de Camila se encabritó y la muchacha abandonó las riendas por quitarse los cabellos de la cara; vaciló, perdió el equilibrio y cayó en un pedregal, rompiéndose la frente.

Desmorecida de risa, la Pintada, con mucha habilidad, galopó a detener la yegua desbocada.

—¡Ándale, curro, ya te cayó trabajo! —dijo Pancracio luego que vio a Camila en la misma silla de Demetrio, con la cara mojada de sangre.

Luis Cervantes, presuntuoso, acudió con sus materiales de curación; pero Camila, dejando de sollozar, se limpió los ojos y dijo con voz apagada:

—¿De usté?... ¡Aunque me estuviera muriendo! ¡Ni agual...

En Cuquío recibió Demetrio un propio.

—Otra vez a Tepatitlán, mi general —dijo Luis Cervantes pasando rápidamente sus ojos por el oficio—. Tendrá que dejar allí la gente, y usted a Lagos, a tomar el tren de Aguascalientes.

Hubo protestas calurosas; algunos serranos juraron que ellos no seguirían ya en la columna, entre gruñidos, quejas y rezongos.

Camila lloró toda la noche, y otro día, por la mañana, dijo a Demetrio que ya le diera licencia de volverse a su casa.

— ¡Si le falta voluntá!... —contestó Demetrio hosco.

—No es eso, don Demetrio; voluntá se la tengo y mucha..., pero ya lo ha estado viendo... ¡Esa mujer!...

—No se apure, hoy mismo la despacho a... Ya lo tengo bien pensado.

Camila dejó de llorar.

Todos estaban ensillando ya. Demetrio se acercó a la Pintada y le dijo en voz muy baja:

— Tú ya no te vas con nosotros.

— ¿Qué dices? —inquirió ella sin comprender.

— Que te quedas aquí o te largas adonde te dé la gana, pero no con nosotros.

— ¿Qué estás diciendo? —exclamó ella con asombro—. ¿Es decir, que tú me corres? ja, ja, ja!... ¿Pues qué... tal serás tú si te andas creyendo de los chismes de ésa...!

Y la Pintada insultó a Camila, a Demetrio, a Luis Cervantes y a cuantos le vinieron a las mientes, con tal energía y novedad, que la tropa oyó injurias e insolencias que no había sospechado siquiera.

Demetrio esperó largo rato con paciencia; pero como ella no diera trazas de acabar, con mucha calma dijo a un soldado:

— Echa fuera esa borracha.

— ¡Güero Margarito! ¡Güero de mi vida! ¡Ven a defenderme de éstos...! ¡Anda, güerito de mi corazón!... ¡Ven a enseñarles que tú eres hombre de veras y ellos no son más que unos hijos de...!

Y gesticulaba, pateaba y daba de gritos.

El güero Margarito apareció. Acababa de levantarse; sus ojos azules se perdían bajo unos párpados hinchados y su voz estaba ronca. Se infi)rmó del sucedido y, acercándose a la Pintada, le dijo con mucha gravedad:

—Sí, me parece muy bien que ya te largues mucho a la... ¡A todos nos tienes hartos!

El rostro de la Pintada se granitificó. Quiso hablar, pero sus músculos estaban rígidos.

Los soldados reían divertidísimos; Camila, muy asustada, contenía la respiración.

La Pintada paseó sus ojos en torno. Y todo fue en un abrir y cerrar de ojos; se inclinó, sacó una hoja aguda y brillante de entre la media y la pierna y se lanzó sobre Camila.

Un grito estridente y un cuerpo que se desploma arrojando sangre a borbotones.

— Mátenla —gritó Demetrio fuera de sí.

Dos soldados se arrojaron sobre la Pintada que, esgrimiendo el puñal, no les permitió tocarla.

— ¡Ustedes no, infelices!... Mátame tú, Demetrio —se adelantó, entregó su arma, irguió el pecho y dejó caer los brazos.

Demetrio puso en alto el puñal tinto en sangre; pero sus ojos se nublaron, vaciló, dio un paso atrás. Luego, con voz apagada y ronca, gritó:

— ¡Lárgate!... ¡Pero luego!...

Nadie se atrevió a detenerla.

Se alejó muda y sombría, paso a paso.

Y el silencio y la estupefacción lo rompió la voz aguda y gutural del güero Margarito:

—¡Ah, qué bueno!... ¡Hasta que se me despegó esta chinche!...

XIII

En la medianía del cuerpo

una daga me metió,

sin saber por qué

ni por qué *sé yo...*

El sí lo sabía, pero yo no...

Y de aquella herida mortal

mucha sangre me salió,

sin saber por qué

ni por qué sé yo...

El sí lo sabía, pero yo no...

Caída la cabeza, las manos cruzadas sobre la montura, Demetrio tarareaba con melancólico acento la tonadilla obsesionante.

Luego callaba; largos minutos se mantenía en silencio y pesaroso.

— Ya verá cómo llegando a Lagos le quito esa murria, mi general. Allí hay muchachas bonitas para darnos gusto —dijo el güero Margarito.

—Ahora sólo tengo ganas de ponerme una borrachera —contestó Demetrio.

Y se alejó otra vez de ellos, espoleando su caballo, como si quisiera abandonarse todo a su tristeza.

Después de muchas horas de caminar, hizo venir a Luis Cervantes:

— ¿Oiga, curro, ahora que lo estoy pensando, yo qué pitos voy a tocar a Aguascalientes?

—A dar su voto, mi general, para presidente provisional de la República.

—¿Presidente provisional?... Pos entonces, ¿qué... tal es, pues, Carranza?... La verdad, yo no entiendo estas políticas...

Llegaron a Lagos. El güero apostó a que esa noche haría reír a Demetrio a carcajadas.

Arrastrando las espuelas, las chivarras caídas abajo de la cintura, entró Demetrio a "El Cosmopolita", con Luis Cervantes, el güero Margarito y sus asistentes.

— ¿Por qué corren, curros?... ¡No sabemos comer gente! —exclamó el güero.

Los paisanos, sorprendidos en el mismo momento de escapar, se detuvieron; unos, con disimulo, regresaron a sus mesas a seguir bebiendo y charlando, y otros, vacilantes, se adelantaron a ofrecer sus respetos a los jefes.

— ¡Mi general!... ¡Mucho gusto!... ¡Señor mayor!...

— ¡Eso es!... Así me gustan los amigos, finos y decentes —dijo el güero Margarito.

— Vamos, muchachos —agregó sacando su pistola jovialmente—; ahí les va un buscapiés para que lo toreen.

Una bala rebotó en el cemento, pasando entre las patas de las mesas y las piernas de los señoritos, que saltaron asustados como dama a quien se le ha metido un ratón bajo la falda.

Pálidos, sonríen para festejar debidamente al señor mayor. Demetrio despliega apenas sus labios, mientras que el acompañamiento lanza carcajadas a pierna tendida.

— Güero —observa la Codorniz—, a ése que va saliendo le prendió la avispa; mira cómo cojea

El güero, sin parar mientes ni volver siquiera la cara hacia el herido, afirma con entusiasmo que a treinta pasos de distancia y al descubrir le pega a un cartucho de tequila.

— A ver, amigo, párese —dice al mozo de la cantina. Luego, de la mano lo lleva a la cabecera del patio del hotel y le pone un cartucho lleno cle tequila en la cabeza.

El pobre diablo resiste, quiere huir, espantado, pero el güero prepara su pistola y apunta.

—¡A tu lugar... tasajo! O de veras te meto una calientita.

El güero se vuelve a la pared opuesta, levanta su arma y hace puntería.

El cartucho se estrella en pedazos, bañando de tequila la cara del muchacho, descolorido como un muerto.

— ¡Ahora va de veras! —clama, corriendo a la cantina por un nuevo cartucho, que vuelve a colocar sobre la cabeza del mancebo.

Torna a su sitio, da una vuelta vertiginosa sobre los pies, y al descubrir, dispara.

Sólo que ahora se ha llevado una oreja en vez del cartucho.

Y apretándose el estómago de tanto reír, dice al muchacho:

— Toma, chico, esos billetes. ¡Es cualquier cosa! Eso se quita con tantita árnica y aguardiente...

Después de beber mucho alcohol y cerveza, habla Demetrio:

— Pague, güero... Ya me voy...

— No traigo ya nada, mi general; pero no hay cuidado por eso... ¿Qué tanto se te debe, amigo?

—Ciento ochenta pesos, mi jefe —responde amablemente el cantinero.

El güero salta prontamente el mostrador, y en dos manotadas derriba todos los frascos, botellas y cristalería.

—Ai le pasas la cuenta a tu padre Villa, ¿sabes?

— Oiga, amigo, ¿dónde queda el barrio de las muchachas? —pregunta tambaleándose de borracho, a un sujeto pequeño, correctamente vestido, que está cerrando la puerta de una sastrería.

El interpelado se baja de la banqueta atentamente para dejar libre el paso. El güero se detiene y lo mira con impertinencia y curiosidad:

— Oiga, amigo, ¡qué chiquito y qué bonito es usted!... ¿Cómo que no?... ¿Entonces yo soy mentiroso?... Bueno, así me gusta... ¿Usted sabe bailar los enanos?... ¿Qué no sabe?... ¡Resabe!... ¡Yo lo conocí a usted en un circo! ¡Le juro que sí sabe y muy rebién!... ¡Ahora lo verá!...

El güero saca su pistola y comienza a disparar hacia los pies del sastre, que, muy gordo y muy pequeño, a cada tiro da un saltito.

— ¿Ya ve cómo sí sabe bailar los enanos?

Y echando los brazos a espaldas de sus amigos, se hace conducir hacia el arrabal de gente alegre, marcando su paso a balazos en los focos de las esquinas, en las puertas y en las casas del poblado. Demetrio lo deja y regresa al hotel, tarareando entre los dientes:

En la medianía del cuerpo una daga me metió,

sin saber por qué

ni por qué sé yo...

Humo de cigarro, olor penetrante de ropas sudadas, emanaciones alcohólicas y el respirar de una multitud; hacinamiento peor que el de un carro de cerdos. Predominaban los de sombrero tejano, toquilla de galón y vestidos de kaki.

— Caballeros, un señor decente me ha robado mi petaca en la estación de Silao... Los ahorros de toda mi vida de trabajo. No tengo para darle de comer a mi niño.

La voz era aguda, chillona y plañidera; pero se extinguía a corta distancia en el vocerío que llenaba el carro.

—¿Qué dice esa vieja? —preguntó el güero Margarito entrando en busca de un asiento.

— Que una petaca... que un niño decente... —respondió Pancracio, que ya había encontrado las rodillas de unos paisanos para sentarse.

Demetrio y los demás se abrían paso a fuerza de codos. Y como los que soportaban a Pancracio prefirieran abandonar los asientos y seguir de pie, Demetrio y Luis Cervantes los aprovecharon gustosos.

Una señora que venía parada desde Irapuato con un niño en brazos sufrió un desmayo. Un paisano se aprontó a tomar en sus manos a la criatura. El resto no se dio por entendido: las hembras de tropa ocupaban dos o tres asientos cada una con maletas, perros, gatos y cotorras. Al contrario, los de sombrero tejano rieron mucho de la robustez de muslos y laxitud de pechos de la desmayada.

—Caballeros, un señor decente me ha robado mi petaca en la estación de Silao... Los ahorros de toda

mi vida de trabajo... No tengo ahora ni para darle de comer ami niño...

La vieja habla de prisa y automáticamente suspira y solloza. Sus ojos, muy vivos, se vuelven de todos lados. Y aquí recoge un billete, y más allá otro. Le llueven en abundancia. Acaba una colecta y adelanta unos cuantos asientos:

— Caballeros, un señor decente me ha robado mi petaca en la estación de Silao...

El efecto de sus palabras es seguro e inmediato.

— ¡Un señor decente! ¡Un señor decente que se roba una petaca! ¡Eso es incalificable! Eso despierta un sentimiento de indignación general. ¡Oh, es lástima que ese señor decente no esté a la mano para que lo fusilen siquiera cada uno de los generales que van allí!

—Porque a mí no hay cosa que me dé tanto coraje como un curro ratero —dice uno, reventando de dignidad.

—¡Robar a una pobre señora!

— ¡Robar a una infeliz mujer que no puede defenderse!

Y todos manifiestan el enternecimiento de su corazón de palabras y de obra: una insolencia para el ladrón y un bilimbique de cinco pesos para la víctima.

— Yo, la verdad les digo, no creo que sea malo matar, porque cuando uno mata lo hace siempre con coraje; ¿pero robar?... —clama el güero Margarito.

Todos parecen asentir ante tan graves razones; pero, tras breve silencio y momentos de reflexión, un coronel aventura su parecer:

— La verdá es que todo tiene sus "asigunes". ¿Para qué es más que la verdá? La purita verdá es que yo he

— robao... y si digo que todos los que venemos aquí hemos hecho lo mesmo, se me afigura que no echo mentiras...

—¡Hum, pa las máquinas de coser que yo me robé en México! —exclamó con ánimo un mayor—. Junté más de quinientos pesos, con ser que vendí hasta a cincuenta centavos máquina.

—Yo me robé en Zacatecas unos caballos tan finos, que dije acá para mí: "Lo que es de este hecho ya te armaste, Pascual Mata; no te vuelves a apurar por nada en los días que de vida te quedan" —dijo un capitán desmolado y ya blanco de canas—. Lo malo fue que mis caballos le cuadraron a mi general Limón y él me los robó a mí.

—¡Bueno! ¡A qué negarlo, pues! Yo también he robado —asintió el güero Margarito—; pero aquí están mis compañeros que digan cuánto he hecho de capital.Eso sí, mi gusto es gastarlo todo con las amistades. Para mí es más contento ponerme una papalina con todos los amigos que mandarles un centavo a las viejas de mi casa...

El tema del "yo robé", aunque parece inagotable, se va extinguiendo cuando en cada banca aparecen tendidos de naipes, que atraen a jefes y oficiales como la luz a los mosquitos.

Las peripecias del juego pronto lo absorben todo y caldean el ambiente más y más; se respira el cuartel, la cárcel, el lupanar y hasta la zahúrda.

Y dominando el barullo general, se escucha, allá en el otro carro:

—Caballeros, un señor decente me ha robado mi petaca...

Las calles de Aguascalientes se habían convertido en basureros. La gente de kaki se removía, como las abejas a la boca de una colmena, en las puertas de los restaurantes, fonduchos y mesones, en las mesas de comistrajos y puestos al aire libre, donde al lado de una hatea de chicharrones rancios se alzaba un montón de quesos mugrientos.

El olor de las frituras abrió el apetito de Demetrio y sus acompañantes. Penetraron a fuerza de empellones a una fonda, y una vieja desgreñada y asquerosa les sirvió en platos de barro huesos de cerdos nadando en un caldillo claro de chile y tres tortillas correosas y quemadas. Pagaron dos pesos por cada uno, y al salir Pancracio aseguró que tenía más hambre que antes de haber entrado.

—Ahora sí —dijo Demetrio—: vamos a tomar consejo de mi general Natera.

Y siguieron una calle hacia la casa que ocupaba el jefe norteño.

Un revuelto y agitado grupo de gentes les detuvo el paso en una bocacalle. Un hombre que se perdía entre la multitud clamaba en sonsonete y con acento uncioso algo que parecía un rezo. Se acercaron hasta descubrirlo. El hombre, de camisa y calzón blanco, repetía: "Todos los buenos católicos que recen con devoción esta oración a Cristo Crucificado se verán libres de tempestades, de pestes, de guerras y de hambres..."

—Este sí que la acertó —dijo Demetrio sonriendo.

El hombre agitaba en alto un puñado de impresos y decía:

—Cincuenta centavos la oración a Cristo Crucificado, cincuenta centavos...

Luego desaparecía un instante para levantarse de nuevo con un colmillo de víbora, una estrella de mar,

un esqueleto de pescado. Y con el mismo acento rezandero, ponderaba las propiedades medicinales y raras virtudes de cada cosa.

La Codorniz, que no le tenía fe a Venancio, pidió al vendedor que le extrajera una muela; el güero Margarito compró un núcleo negro de cierto fruto que tiene la propiedad de librar a su poseedor tan bien del rayo como de cualquier "malhora", y Anastasio Montañés una oración a Cristo Crucificado, que cuidadosamente dobló y con gran piedad guardó en el pecho.

—¡Cierto como hay Dios, compañero; sigue la bola! ¡Ahora Villa contra Carranza! —dijo Natera.

Y Demetrio, sin responderle, con los ojos muy abiertos, pedía más explicaciones.

—Es decir —insistió Natera—, que la Convención desconoce a Carranza como primer jefe y va a elegir un presidente provisional de la República... ¿Entiende, compañero?

Demetrio inclinó la cabeza en señal de asentimiento.

— ¿Qué dice de eso, compañero? —interrogó Natera. Demetrio se alzó de hombros.

— Se trata, a lo que parece, de seguir peleando. Bueno, pos a darle; ya sabe, mi general, que por mi lado no hay portillo.

— Bien, ¿y de parte de quién se va a poner? Demetrio, muy perplejo, se llevó las manos a los cabellos y se rascó breves instantes.

— Mire, a mí no me haga preguntas, que no soy escuelante... La aguilita que traigo en el sombrero usté me la dio... Bueno, pos ya sabe que nomás me dice: "Demetrio, haces esto y esto... ¡y se acabó el cuento!"

TERCERA PARTE

I

"El Paso, Tex., mayo 16 de 1915.

Muy estimado Venancio:

Hasta ahora puedo contestar su grata de enero del corriente año debido a que mis atenciones profesionales absorben todo mi tiempo. Me recibí en diciembre pasado, como usted lo sabe. Lamento la suerte de Pancracio y del Manteca; pero no me extraña que después de una partida de naipes se hayan apuñalado. ¡Lástima: eran unos valientes! Siento en el alma no poder comunicarme con el güero Margarito para hacerle presente mi felicitación más calurosa, pues el acto más noble y más hermoso de su vida fue ése... ¡el de suicidarse!

Me parece difícil, amigo Venancio, que pueda usted obtener el título de médico que ambiciona tanto aquí en los Estados Unidos, por más que haya reunido suficiente oro y plata para comprarlo. Yo le tengo estimación, Venancio, y creo que es muy digno de mejor suerte. Ahora bien, me ocurre una idea que podría favorecer nuestros mutuos intereses y las ambiciones justas que usted tiene por cambiar de posición social. Si usted y yo nos asociáramos, podríamos hacer un negocio muy bonito. Cierto que por el momento yo no tengo fon

dos de reserva, porque todo lo he agotado en mis estudios y en mi recepción; pero cuento con algo que vale mucho más que el dinero: mi conocimiento perfecto de esta plaza, de sus necesidades y de los negocios seguros que pueden emprenderse. Podríamos establecer un restaurante netamente mexicano, apareciendo usted como el propietario y repartiéndonos las utilidades a fin de cada mes. Además, algo relativo a lo que tanto nos interesa: su cambio de esfera social. Yo me acuerdo que usted toca bastante bien la guitarra, y creo fácil, por medio de mis recomendaciones y de los conocimientos musicales de usted, conseguirle el ser admitido como miembro de la Salvation Army, sociedad respetabilísima que le daría a usted mucho carácter.

No vacile, querido Venancio; véngase con los fondos y podemos hacernos ricos en muy poco tiempo. Sírvase dar mis recuerdos afectuosos al general, a Anastasio y demás amigos.

Su amigo que lo aprecia, Luis Cervantes."

Venancio acabó de leer la carta por centésima vez, y, suspirando, repitió su comentario:

—¡Este curro de veras que la supo hacer!

—Porque lo que yo no podré hacerme entrar en la cabeza —observó Anastasio Montañés— es eso de que tengamos que seguir peleando... ¿Pos no acabamos ya con la federación?

Ni el general ni Venancio contestaron; pero aquellas palabras siguieron golpeando en sus rudos cerebros como un martillo sobre el yunque.

Ascendían la cuesta, al tranco largo de sus mulas, pensativos y cabizbajos. Anastasio, inquieto y terco, fue

con la misma observación a otros grupos de soldados, que reían de su candidez. Porque si uno trae un fusil en las manos y las cartucheras llenas de tiros, seguramente que es para pelear. ¿Contra quién? ¿En favor de quiénes? ¡Eso nunca le ha importado a nadie!

La polvareda ondulosa e interminable se prolongaba por las opuestas direcciones de la vereda, en un hormiguero de sombreros de palma, viejos kakis mugrientos, frazadas musgas y el negrear movedizo de las caballerías.

La gente ardía de sed. Ni un charco, ni un pozo, ni un arroyo con agua por todo el camino. Un vaho de fuego se alzaba de los blancos eriales de una cañada, palpitaba sobre las crespas cabezas de los huizaches y las glaucas pencas de los nopales. Y como una mofa, las flores de los cactos se abrían frescas, carnosas y encendidas las unas, aceradas y diáfanas las otras.

Tropezaron al mediodía con una choza prendida a los riscos de la sierra; luego, con tres casucas regadas sobre las márgenes de un río de arena calcinada; pero todo estaba silencioso y abandonado. A la proximidad de la tropa, las gentes se escurrían a ocultarse en las barrancas.

Demetrio se indignó:

— A cuantos descubran escondidos o huyendo, cójanlos y me los traen ordenó a sus soldados con voz desafinada.

— ¡Cómo!... ¿Qué dice? —exclamó Valderrama sorprendido—. ¿A los serranos? ¿A estos valerosos que no han imitado a las gallinas que ahora anidan en Zacatecas y Aguascalientes? ¿A los hermanos nuestros que desafían las tempestades adheridas a sus rocas como la madrepeña? ¡Protesto!... ¡Protesto!...

Hincó las espuelas en los ijares de su mísero rocín y fue a alcanzar al general.

—Los serranos —le dijo con énfasis y solemnidad—son carne de nuestra carne y huesos de nuestros huesos... "Os ex osibus meis et caro de carne mea"... Los serranos están hechos de nuestra madera... De esta madera firme con la que se fabrican los héroes...

Y con una confianza tan intempestiva como valiente, dio un golpe con su puño cerrado sobre el pecho del general, que sonrió con benevolencia.

¿Valderrama, vagabundo, loco y un poco poeta, sabía lo que decía?

Cuando los soldados llegaron a una ranchería y se arremolinaron con desesperación en torno de casas y jacales vacíos, sin encontrar una tortilla dura, ni un chile podrido, ni unos granos de sal para ponerle a la tan aborrecida carne fresca de res, ellos, los hermanos pacíficos, desde sus escondites, impasibles los unos con la impasibilidad pétrea de los ídolos aztecas, más humanos los otros, con una sórdida sonrisa en sus labios untados y ayunos de barba, veían cómo aquellos hombres feroces, que un mes antes hicieran retemblar de espanto sus míseros y apartados solares, ahora salían de sus chozas, donde las hornillas estaban apagadas y las tinajas secas, abatidos, con la cabeza caída y humillados como perros a quienes se arroja de su propia casa a puntapiés.

Pero el general no dio contraorden y unos soldados le llevaron a cuatro fugitivos bien trincados.

II

—¿Por qué se esconden ustedes? —interrogó Demetrio a los prisioneros.

—No nos escondemos, mi jefe; seguimos nuestra vereda.

— ¿Adónde?

— A nuestra tierra... Nombre de Dios, Durango.

— ¿Es éste el camino de Durango?

— Por los caminos no puede transitar gente pacífica ahora. Usted lo sabe, mi jefe.

— Ustedes no son pacíficos; ustedes son desertores. ¿De dónde vienen? —prosiguió Demetrio observándolos con ojo penetrante.

Los prisioneros se turbaron, mirándose perplejos sin encontrar pronta respuesta.

— ¡Son carranclanes! —notó uno de los soldados.

Aquello devolvió instantáneamente la entereza a los prisioneros. No existía más para ellos el terrible enigma que desde el principio se les había formulado con aquella tropa desconocida.

—¿Carrancistas nosotros? —contestó uno de ellos con altivez—. ¡Mejor puercos!...

— La verdad, sí, somos desertores —dijo otro—; nos le cortamos a mi general Villa de este lado de Celaya, después de la cuereada que nos dieron.

—¿Derrotado el general Villa?... ¡ja!, ¡ja!, ¡ja!... Los soldados rieron a carcajadas.

Pero a Demetrio se le contrajo la frente como si algo muy negro hubiera pasado por sus ojos.

— ¡No nace todavía el hijo de la... que tenga que derrotar a mi general Villa! —clamó con insolencia un veterano de cara cobriza con una cicatriz de la frente a la barba.

Sin inmutarse, uno de los desertores se quedó mirándolo fijamente, y dijo:

—Yo lo conozco a usted. Cuando tomamos Torreón, usted andaba con mi general Urbina. En Zacatecas venía ya con Natera y allí se juntó con los de Jalisco... ¿Miento?

El efecto fue brusco y definitivo. Los prisioneros pudieron entonces dar una detallada relación de la tremenda derrota de Villa en Celaya.

Se les escuchó en un silencio de estupefacción.

Antes de reanudar la marcha se encendieron lumbres donde asar carne de toro. Anastasio Montañés, que buscaba leños entre los huizaches, descubrió a lo lejos y entre las rocas la cabeza tusada del caballuco de Valderrama.

—¡Vente ya, loco, que al fin no hubo pozole!... —comenzó a gritar.

Porque Valderrama, poeta romántico, siempre que de fusilar se hablaba, sabía perderse lejos y durante todo el día.

Valderrama oyó la voz de Anastasio y debió haberse convencido de que los prisioneros habían quedado en libertad, porque momentos después estaba cerca de Venancio y de Demetrio.

— ¿Ya sabe usted las nuevas? —le dijo Venancio con mucha gravedad.

— No sé nada.

— ¡Muy serias! ¡Un desastre! Villa derrotado en Celaya por Obregón. Carranza triunfando por todas partes. ¡Nosotros arruinados!

El gesto de Valderrama fue desdeñoso y solemne como de emperador:

—¿Villa?... ¿Obregón?... ¿Carranza?... ¡X... Y... Z...! ¿Qué se me da a mí?... ¡Amo la revolución como amo al volcán que irrumpe! ¡Al volcán porque es volcán; a la revolución porque es revolución!... Pero las piedras que quedan arriba o abajo, después del cataclismo, ¿qué me importan a mí?...

Y como al brillo del sol de mediodía reluciera sobre su frente el reflejo de una blanca botella de tequila, volvió grupas y con el alma henchida de regocijo se lanzó hacia el portador de tamaña maravilla.

—Le tengo voluntá a ese loco —dijo Demetrio sonriendo—, porque a veces dice unas cosas que lo ponen a uno a pensar.

Se reanudó la marcha, y la desazón se tradujo en un silencio lúgubre. La otra catástrofe venía realizándose callada, pero indefectiblemente. Villa derrotado era un dios caído. Y los dioses caídos ni son dioses ni son nada.

Cuando la Codorniz habló, sus palabras fueron fiel trasunto del sentir común:

—¡Pos hora sí, muchachos... cada araña por su hebral...

III

Aquel pueblecillo, a igual que congregaciones, haciendas y rancherías, se había vaciado en Zacatecas y Aguascalientes.

Por tanto, el hallazgo de un barril de tequila por uno de los oficiales fue acontecimiento de la magnitud del milagro. Se guardó profunda reserva, se hizo mucho misterio para que la tropa saliera otro día, a la madrugada, al mando de Anastasio Montañés y de Venancio; y cuando Demetrio despertó al son de la música, su Estado Mayor, ahora integrado en su mayor parte por jóvenes ex federales, le dio la noticia del descubrimiento, y la Codorniz, interpretando los pensamientos de sus colegas, dijo axiomáticamente:

—Los tiempos son malos y hay que aprovechar, porque "si hay días que nada el pato, hay días que ni agua bebe".

La música de cuerda tocó todo el día y se le hicieron honores solemnes al barril; pero Demetrio estuvo muy triste, "sin saber por qué, ni por qué sé yo", repitiendo entre clientes y a cada instante su estribillo.

Por la tarde hubo peleas de gallos. Demetrio y sus principales jefes se sentaron bajo el cobertizo del portalillo municipal, frente a una plazuela inmensa, poblada de yerbas, un quiosco vetusto y podrido y las casas de adobe solitarias.

—¡Valderrama! —llamó Demetrio, apartando con fastidio los *ojos* de la pista—. Venga a cantarme *El enterrador.*

Pero Valderrama no le oyó, porque en vez de atender a la pelea monologaba extravagante, mirando ponerse el sol tras de los cerros, diciendo con voz enfática y solemne gesto:

—`¡Señor, Señor, bueno es que nos estemos aquí!... Levantaré tres tiendas, una para ti, otra para Moisés y otra para Elías."

—¡Valderrama! —volvió a gritar Demetrio. Cántame *El enterrador.*

—Loco, te habla mi general —lo llamó más cerca uno de los oficiales.

Y Valderrama, con su eterna sonrisa de complacencia en los labios, acudió entonces y pidió a los músicos una guitarra.

—¡Silencio! —gritaron los jugadores.

Valderrama dejó de afinar. La Codorniz y el Meco soltaban ya en la arena un par de gallos amarrados de largas y afiladísimas navajas. Uno era retinto, con hermosos reflejos de obsidiana; el otro, giro, de plumas como escamas de cobre irisado a fuego.

La huelga fue brevísima y de una ferocidad casi humana. Como movidos por un resorte, los gallos se lanzaron al encuentro. Sus cuellos crespos y encorvados, los ojos como corales, erectas las crestas, crispadas las patas, un instante se mantuvieron sin tocar el suelo siquiera, confundidos sus plumajes, picos y garras en uno solo; el retinto se desprendió y fue lanzado patas arriba más allá de la raya. Sus *ojos* cié cinabrio se apagaron, cerráronse lentamente sus párpados coriáceos, y sus plumas esponjadas se estremecieron convulsas en un charco de sangre.

Valderrama, que no había reprimido un gesto de violenta indignación, comenzó a templar. Con los primeros acentos graves se disipó su cólera. Brillaron sus *ojos* como esos *ojos* donde resplandece el brillo de la locura. Vagando su mirada por la plazoleta, por el ruinoso quiosco, por el viejo caserío, con la sierra al fondo y el cielo incendiado como lecho, comenzó a cantar.

Supo darle tanta alma a su voz y tanta expresión a las cuerdas de su vihuela, que, al terminar, Demetrio había vuelto la cara para que no le vieran los *ojos.*

Pero Valderrama se echó en sus brazos, lo estrechó fuertemente y, con aquella confianza súbita que a todo el mundo sabía tener en un momento dado, le dijo al oído:

— ¡Cómaselas! ... ¡Esas lágrimas son muy bellas!

Demetrio pidió la botella y se la tendió a Valderrama.

Valderrama apuró con avidez la mitad, casi de un sorbo; luego se volvió a los concurrentes y, tomando una actitud dramática y su entonación declamatoria, exclamó con los ojos rasos:

— ¡Y de ahí cómo los grandes placeres de la revolución se resolvían en una lágrima!...

Después siguió hablando loco, pero loco del todo, con las yerbas empolvadas, con el quiosco podrido, con las casas grises, con el cerro altivo y con el cielo inconmensurable.

IV

Asomó Juchipila a lo lejos, blanca y bañada de sol, en medio del frondaje, al pie de un cerro elevado y soberbio, plegado como turbante.

Algunos soldados, mirando las torrecillas de Juchipila, suspiraron con tristeza. Su marcha por los cañones era ahora la marcha de un ciego sin lazarillo; se sentía ya la amargura del éxodo.

— ¿Ese pueblo es Juchipila? —preguntó Valderrama.

Valderrama, en el primer periodo de la primera borrachera del día, había venido contando las cruces diseminadas por caminos y veredas, en las escarpaduras de las rocas, en los vericuetos de los arroyos, en las márgenes del río. Cruces de madera negra recién barnizada,

cruces forjadas con dos leños, cruces de piedras en montón, cruces pintadas con cal en las paredes derruidas, humildísimas cruces trazadas con carbón sobre el canto de las peñas. El rastro de sangre de los primeros revolucionarios de 1910, asesinados por el gobierno.

Ya a la vista de Juchipila, Valderrama echa pie a tierra, se inclina, dobla la rodilla y gravemente besa el suelo.

Los soldados pasan sin detenerse. Unos ríen del loco y otros le dicen alguna cuchufleta.

Valderrama, sin oír a nadie, reza su oración solemnemente:

—juchipila, cuna de la revolución de 1910, tierra bendita, tierra regada con sangre de mártires, con sangre de soñadores... de los únicos buenos! ...

—Porque no tuvieron tiempo de ser malos —completa la frase brutalmente un oficial ex federal le va pasando.

Valderrama se interrumpe, reflexiona, frunce el ceño, lanza una sonora carcajada que resuena por las peñas, monta y corre tras el oficial a pedirle un trago de tequila.

Soldados mancos, cojos, reumáticos y tosigosos dicen mal de Demetrio. Advenedizos de banqueta causan alta con barras de latón en el sombrero, antes de saber siquiera cómo se coge un fusil, mientras que el veterano fogueado en cien combates, inútil ya para el trabajo, el veterano que comenzó de soldado raso, soldado raso es todavía.

Y los pocos jefes que quedan, camaradas viejos de Macías, se indignan también porque se cubren las bajas del Estado Mayor con señoritines de capital, perfumados y peripuestos.

— Pero lo peor de todo —dice Venancio— es que nos estamos llenando de ex federales.

El mismo Anastasio, que de ordinario encuentra muy bien hecho todo lo que su compadre Demetrio hace, ahora, en causa común con los descontentos, exclama:

— Miren, compañeros, yo soy muy claridoso... y yo le digo a mi compadre que si vamos a tener aquí a los federales siempre, malamente andamos... ¡De veras! ¿A que no me lo creen?... Pero yo no tengo pelos en la lengua, y por vida de la madre que me parió, que se lo digo a mi compadre Demetrio.

Y se lo dijo. Demetrio lo escuchó con mucha benevolencia, y luego que acabó de hablar, le contestó:

—Compadre, es cierto lo que usted dice. Malamente andamos: los soldados hablan mal de las clases, las clases de los oficiales y los oficiales cle nosotros... Y nosotros estamos ya pa despachar a Villa y a Carranza a la... a que se diviertan solos... Pero se me figura que nos está sucediendo lo que a aquel peón de Tepatitlán. ¿Se acuerda, compadre? No paraba de rezongar de su patrón, pero no paraba de trabajar tampoco. Y así estamos nosotros: a reniega y reniega y a mátenos y mátenos... Pero eso no hay que decirlo, compadre...

—¿Por qué, compadre Demetrio?...

—   Por yo no sé... Porque no... ¿ya me entiende? Lo que ha de hacer es dármele ánimo a la gente. He recibido órdenes de regresar a detener una partida que viene por Cuquío. Dentro de muy poquitos días tenemos que darnos un encontronazo con los carranclanes, y es bueno pegarles ahora hasta por debajo de la lengua.

Valderrama, el vagabundo de los caminos reales,

que se incorporó a la tropa un día, sin que nadie supiera a punto fijo cuándo ni en dónde, pescó algo de las palabras de Demetrio, y como no hay loco que coma lumbre, ese mismo día desapareció como había llegado.

V

Entraron a las calles de juchipila cuando las campanas de la iglesia repicaban alegres, ruidosas, y con aquel su timbre peculiar que hacía palpitar de emoción a toda la gente de los cañones.

—Se me figura, compadre, que estamos allá en aquellos tiempos cuando apenas iba comenzando la revolución, cuando llegábamos a un pueblo y nos repicaban mucho, y salía la gente a encontrarnos con músicas, con banderas, y nos echaban muchos vivas y hasta cohetes nos tiraban —dijo Anastasio Montañés.

—   Ahora ya no nos quieren —repuso Demetrio. —¡Sí, como vamos ya de "rota batida"! —observó la Codorniz.

—No es por eso... A los otros tampoco los pueden ver ni en estampa.

—   Pero ¿cómo nos han de querer, compadre? Y no dijeron más.

Desembocaban en una plaza, frente a la iglesia octogonal, burda y maciza, reminiscencia de tiempos coloniales.

La plaza debía haber sido jardín, a juzgar por sus naranjos escuetos y roñosos, entreverados entre restos de bancas de hierro y madera.

Volvió a escucharse el sonoro y regocijante repique.

Luego, con melancólica solemnidad, se escaparon del interior del templo las voces melifluas de un coro femenino. A los acordes de un guitarrón, las doncellas del pueblo cantaban los "Misterios".

—¿Qué fiesta tienen ahora, señora? —preguntó Venancio a una vejarruca que a todo correr se encaminaba hacia la iglesia.

—¡Sagrado Corazón de Jesús! —repuso la beata medio ahogándose.

Se acordaron de que hacía un año ya de la toma de Zacatecas. Y todos se pusieron más tristes todavía.

Igual a los otros pueblos que venían recorriendo desde Tepic, pasando por Jalisco, Aguascalientes y Zacatecas, Juchipila era una ruina. La huella negra de los incendios se veía en las casas destechadas, en los pretiles ardidos. Casas cerradas; y una que otra tienda que permanecía abierta era como por sarcasmo, para mostrar sus desnudos armazones, que recordaban los blancos esqueletos de los caballos diseminados por todos los caminos. La mueca pavorosa del hambre estaba ya en las caras terrosas de la gente, en llama luminosa de *sus ojos* que, cuando se detenían sobre un soldado, quemaban con el fuego de la maldición.

Los soldados recorren en vano las calles en busca de comida y se muerden la lengua ardiendo de rabia. Un solo fonducho está abierto y en seguida se aprieta. No hay frijoles, no hay tortillas: puro chile picado y sal corriente. En vano los jefes muestran sus bolsillos reventando de billetes o quieren ponerse amenazadores.

—¡Papeles, sí!... ¡Eso nos han traído ustedes!... ¡Pos eso coman!... —dice la fondera, una viejota insolente, con una enorme cicatriz en la cara, quien cuenta que

"ya durmió en el petate del muerto para no morirse de un susto".

Y en la tristeza y desolación del pueblo, mientras cantan las mujeres en el templo, los pajarillos no cesan de piar en las arboledas, ni el canto de las currucas deja de oírse en las ramas secas de los naranjos.

VI

La mujer de Demetrio Macías, loca de alegría, salió a encontrarlo por la vereda de la sierra, llevando de la mano al niño.

¡Casi dos años de ausencia!

Se abrazaron y permanecieron mudos; ella embargada por los sollozos y las lágrimas.

Demetrio, pasmado, veía a su mujer envejecida, como si diez o veinte años hubieran transcurrido ya. Luego miró al niño, que clavaba en él sus *ojos* con azoro. Ysu corazón dio un vuelco cuando reparó en la reproducción de las mismas líneas de acero de su rostro y en el brillo flamante de sus ojos. Y quiso atraerlo y abrazarlo; pero el chiquillo, muy asustado, se refugió en el regazo de la madre.

—¡Es tu padre, hijo!... ¡Es tu padre!...

El muchacho metía la cabeza entre los pliegues de la falda y se mantenía huraño.

Demetrio, que había dado su caballo al asistente, caminaba a pie y poco a poco con su mujer y su hijo por la abrupta vereda de la sierra.

—¡Hora sí, bendito sea Dios que ya veniste!... ¡Ya nunca nos dejarás! ¿Verdad? ¿Verdad que ya te vas a quedar con nosotros?...

La faz de Demetrio se ensombreció.

Y los dos estuvieron silenciosos, angustiados.

Una nube negra se levantaba tras la sierra, y se oyó un trueno sordo. Demetrio ahogó un suspiro. Los recuerdos afluían a su memoria como una colmena.

La lluvia comenzó a caer en gruesas gotas y tuvieron que refugiarse en una rocallosa covacha.

El aguacero se desató con estruendo y sacudió las blancas flores de San Juan, manojos de estrellas prendidos en los árboles, en las peñas, entre la maleza, en los pitahayos y en toda la serranía.

Abajo, en el fondo del cañón y a través de la gasa de la lluvia, se miraban las palmas rectas y cimbradoras; lentamente se mecían sus cabezas angulosas y al soplo del viento se desplegaban en abanicos. Y todo era serranía: ondulaciones de cerros que suceden a cerros, más cerros circundados de montañas y éstas encerradas en una muralla de sierra de cumbres tan altas que su azul se perdía en el zafir.

—¡Demetrio, por Dios!... ¡Ya no te vayas!... ¡El corazón me avisa que ahora te va a suceder algo!... Y se deja sacudir de nuevo por el llanto.

El niño, asustado, llora a gritos, y ella tiene que refrenar su tremenda pena para contentarlo.

La lluvia va cesando; una golondrina de plateado vientre y alas angulosas cruza oblicuamente los hilos de cristal, de repente iluminados por el sol vespertino.

—¿Por qué pelean ya, Demetrio?

Demetrio, las cejas muy juntas, toma distraído una piedrecita y la arroja al fondo del cañón. Se mantiene pensativo viendo el desfiladero, y dice:

—Mira esa piedra cómo ya no se para...

VI

Fue una verdadera mañana de nupcias. Había llovido la víspera toda la noche y el cielo amanecía entoldado de blancas nubes. Por la cima de la sierra trotaban potrillos brutos de crines alzadas y colas tensas, gallardos con la gallardía de los picachos que levantan su cabeza hasta besar las nubes.

Los soldados caminan por el abrupto peñascal contagiado de la alegría de la mañana. Nadie piensa en la artera bala que puede estarlo esperando más adelante. La gran alegría de la partida estriba cabalmente en lo imprevisto. Y por eso los soldados cantan, ríen y charlan locamente. En su alma rebulle el alma de las viejas tribus nómadas. Nada importa saber adónde van y de dónde vienen; lo necesario es caminar, caminar siempre, no estacionarse jamás; ser dueños del valle, de las planicies, de la sierra y de todo lo que la vista abarca.

Arboles, cactus y helechos, todo aparece acabado de lavar. Las rocas, que muestran su ocre como el orín las viejas armaduras, vierten gruesas gotas de agua transparente.

Los hombres de Macías hacen silencio un momento. Parece que han escuchado un ruido conocido: el estallar lejano de un cohete; pero pasan algunos minutos y nada se vuelve a oír.

—En esta misma sierra —dice Demetrio—, yo, sólo con veinte hombres, les hice más de quinientas bajas a los federales.

Y cuando Demetrio comienza a referir aquel famoso hecho de armas, la gente se da cuenta del grave peligro que va corriendo. ¿Conque si el enemigo, en vez de estar a dos días de camino todavía, les fuera resultando escondido entre las malezas de aquel formidable barranco, por cuyo fondo se han aventurado? Pero ¿quién sería capaz de revelar su miedo? ¿Cuándo los hombres de Demetrio dijeron: "Por aquí no caminamos"?

Y cuando comienza un tiroteo lejano, donde va la vanguardia, ni siquiera se sorprenden ya. Los reclutas vuelven grupas en desenfrenada fuga buscando la salida del cañón.

Una maldición se escapa de la garganta seca de Demetrio:

—¡Fuego!... ¡Fuego sobre los que corran!... ¡A quitarles las alturas! —ruge después como una fiera.

Pero el enemigo, escondido a millaradas, desgrana sus ametralladoras, y los hombres de Demetrio caen como espigas cortadas por la hoz.

Demetrio derrama lágrimas de rabia y de dolor cuando Anastasio resbala lentamente de su caballo sin exhalar una queja, y se queda tendido, inmóvil. Venancio cae a su lado, con el pecho horriblemente abierto por la ametralladora y el Meco se desbarranca y rueda al fondo del abismo. De repente Demetrio se encuentra solo. Las balas zumban en sus oídos como una granizada. Desmonta, arrástrase por las rocas hasta encontrar un parapeto, coloca una piedra que le defienda la cabeza y, pecho a tierra, comienza a disparar.

El enemigo se disemina, persiguiendo a los raros fugitivos que quedan ocultos entre los chaparros.

Demetrio apunta y no yerra un solo tiro... ¡Paf!... ¡Pan... ¡Pan...

Su puntería famosa lo llena de regocijo; donde pone

el ojo pone la bala. Se acaba un cargador y mete otro nuevo. Y apunta...

El humo de la fusilería no acaba de extinguirse. Las cigarras entonan su canto imperturbable y misterioso; las palomas cantan con dulzura en las rinconadas de las rocas; ramonean apaciblemente las vacas.

La sierra está de gala; sobre sus cúspides inaccesibles cae la niebla albísima como un crespón de nieve sobre la cabeza de una novia.

Y al pie de una resquebrajadura enorme y suntuosa, como pórtico de vieja catedral, Demetrio Macías, con los ojos fijos para siempre, sigue apuntando con el cañón de su fusil...

CPSIA information can be obtained
at www.ICGtesting.com
Printed in the USA
LVHW080042191021
700772LV00013B/579